Oswald Heer, Anders Johan Malmgren

Fossile Flora der Bären Insel

Oswald Heer, Anders Johan Malmgren

Fossile Flora der Bären Insel

ISBN/EAN: 9783742883124

Hergestellt in Europa, USA, Kanada, Australien, Japan

Cover: Foto ©berggeist007 / pixelio.de

Manufactured and distributed by brebook publishing software (www.brebook.com)

Oswald Heer, Anders Johan Malmgren

Fossile Flora der Bären Insel

FOSSILE FLORA DER BÄREN INSEL.

VON

OSWALD HEER.

ENTHALTEND DIE BESCHREIBUNG DER VON DEN HERREN A. E. NORDENSKIÖLD UN
A. J. MALMGREN IM SOMMER 1868 DORT GEFUNDENEN PFLANZEN

MIT 15 TAFELN

AN DIE KÖNIGL. SCHWEDISCHE AKADEMIE DER WISSENSCHAFTEN

STOCKHOLM, 1871
P. A. NORSTEDT & SÖNER

I. ALLGEMEINE BEMERKUNGEN.

1. Geschichtliches. 2. Vorkommen der Pflanzen. 3. Lagerungsverhältnisse. 4. Entstehung der Steinkohlen und Pflanzenlager der Bären Insel. Sind eine Süsswasserbildung. 5. Verbreitung der Bären Insel Pflanzen. 6. Die Ablagerungen, in denen sie vorkommen, gehören ins Unter-Carbon und bilden in diesem eine besondere Stufe. 7. Charakteristik der Flora dieser Stufe. Pflanzen von Kiltorkan und der Kohlenschiefer Irlands. Marine Fauna dieser Schiefer und ihr Verhältniss zu denjenigen des Bergkalkes und des Devon. Die gelben Sandsteine Irlands gehören zum Carbon. Grenze zwischen Carbon und Devon. Die Flora der Grauwacke der Vogesen und des südlichen Schwarzwald. Vernenfin Schiefer Aachens. St. John in Canada. Die Parry Inseln. Verzeichniss der Pflanzen der Ursastufe. 8. Die Flora des Bergkalks. 9. Flora des Culm. 10. Rückblick.

Ueber die geologische Struktur der kleinen, unter 74° 30′ n. Br. liegenden Bären Insel hat Keilhau die ersten Nachrichten gegeben. Er fand dort einen Kalkstein, der eine grosse Zahl von Mollusken einschliesst. Die von ihm nach Christiania gebrachten Stücke hat Leopold von Buch bestimmt und folgende Arten[*]) erkannt: Productus giganteus, Pr. punctatus, Pr. plicatilis, Spirifer Keilhavii, Sp. striatus, Calamopora polymorpha und Fenestella antiqua. Er hat aus ihrem Vorkommen geschlossen, dass diese Formation dem Bergkalk angehören müsse. Zu derselben wurden auch die Steinkohlen- und Sandsteinlager gerechnet, welche dort gefunden wurden. Da aber später die Kohlen des nahe gelegenen Spitzbergen sich als Miocen herausstellten und der sie begleitende Sandstein dem der Bären Insel gleicht, hatten Nordenskiöld und ich vermuthet, dass die Kohlen- und Sandsteinformation dieser Insel ebenfalls miocen sei[**]). Eine genaue Untersuchung dieser Verhältnisse war daher in hohem Grade wünschenswerth. Diese brachte uns die schwedische Expedition vom Sommer 1868. Es hat Herr Prof. Nordenskiöld die Lagerungsverhältnisse dieser Sandsteinformation ermittelt und mit Hrn Prof. Malmgren etwa 360 Stück fossiler Pflanzen dort gesammelt, welche über die geologische Stellung des Steinkohlenlagers die gewünschte Auskunft geben.

Es treten diese Pflanzen in verschiedenen Medien auf:

1. Wir finden sie erstens in der Kohle selbst. Die schwarze Kohle mit glänzendem Bruch zeigt hier und da dünne, sie horizontal durchsetzende Bänder. Wenn wir sie dort zerspalten, bemerken wir öfter, dass sie aus breitgedrückten Stammresten bestehen, welche verkohlt und schlecht erhalten sind, doch lassen sich die Stämme der Knorrien, Calamiten

---

[*]) Vergl. Abhandlungen der Akademie der Wissenschaften in Berlin von J. 1846, S. 65. Nach einer Mittheilung des Herrn Prof. Kjerulf befinden sich von der Bären Insel im Museum von Christiania Spirifer Keilhavii, Sp. striatus, Sp. punctatus, Sp. bisulcatus, Productus hemi-sphaericus und Calamopora polymorpha.
[**]) Fossile Flora der Polarländer I, S. 32.

und Lepidodendren noch erkennen. Es liegen also diese zum Theil mitten in der Kohle drin und sind in Kohle verwandelt.

2. Stellenweise haben sich zwischen den Kohlen mehr oder weniger dicke Schichten einer schwarzen, schiefrigen Masse abgelagert, welche wohl ursprünglich aus Lettenbändern gebildet, nun die Kohlen durchsetzen. Aus diesen dünnen, aus einer Art Thonschiefer gebildeten, Zwischenlagern kommen die meisten von mir beschriebenen Pflanzen.

3. Unter dem Kohlenlager liegt ein grauschwarzer Thonschiefer, der in dünne Platten gespalten werden kann. Dieser Schiefer ist erfüllt von den grossen Rhizomen des Calamites radiatus, mit ihren Aesten und Würzelzasern. Hier und da sind ganze Nester von Würzelzasern der Lepidodendren und Blattreste von Cardiopteris. Es hat sich dies Gestein wohl aus dem weichen Schlamm gebildet, der aus dem ruhigen Gewässer sich niederschlug und die Rhizome der Calamiten mögen in diesem Schlamme sich in ähnlicher Weise ausgebreitet haben, wie diess bei den Wurzelstöcken der lebenden Equiseten der Fall ist, welche oft viele Fuss tief in den Boden eindringen und denselben nach allen Richtungen durchziehen. Es ist dieser von Pflanzenresten erfüllte Thonschiefer stellenweise ziemlich grobkörnig; daneben kommt aber noch ein sehr feinkörniger, schwarzer Schiefer vor, der in ganz dünne Blätter gespalten werden kann und sich zu Conservirung zarter Pflanzen vorzüglich eignen würde. Leider ist dieser aber fast ganz leer; ich fand nur einige wenige Reste von Wurzelzasern des Calamites radiatus in demselben.

4. Ein grobkörniger harter Sandstein von bald weisser, bald aber weissgrauer Farbe mit vielen Quarzkörnern. Er enthält Stammreste des Calamites radiatus, die Stigmaria ficoides und Lepidodendron Veltheimianum.

5. Ein eisenschüssiger, daher aussen röthlich-brauner, auswendig aber grau-bräunlicher Thon von sehr feinem Korn, der nach Nordenskiöld Knollen im Thonschiefer bildet. Er enthält nur wenige Pflanzen. (Sphenopteris Schimperi, Lepidophyllum Römeri und Cyclostigma Kiltorkense.)

Ueber die Lagerungsverhältnisse dieser Pflanzenführenden Gesteine, wie über die Verbreitung des Bergkalkes über die Bären Insel und Spitzbergen giebt uns die Abhandlung des Herrn Prof. Nordenskiöld, welche er dieser Arbeit beizufügen die Güte hatte, sehr willkommenen Aufschluss. Sie zeigt uns folgende Reihenfolge:

Bergkalk.
   Kieselschiefer-Bänke.
   Produkten Kalk. Mit grossen, dickschaligen Produktus-Arten.
   Spiriferen-Kalk mit Gyps.
     Voll Spirifer zum Theil von kolossaler Grösse.
   Cyathophyllum-führender Kalk und Dolomit.
   Sandstein mit eingelagerten Kohlen und Thonschiefer.
     Enthält die Pflanzen.

Kohlenkalk. Grauer Dolomit mit Kieselschieferbänken.

Rothe devonische (?) Schiefer.

Die Pflanzenlager befinden sich daher unter dem Bergkalk und zwar unter der ältern Abtheilung desselben. Tiefer nach unten folgen der Russen-Insel-Kalk und die rothen Schiefer. Erstern rechnet Nordenskiöld noch zum Bergkalk, die rothen Schiefer dagegen ist er geneigt zum Devon zu stellen. Da bestimmbare Versteinerungen fehlen, lässt sich darüber nicht entscheiden. Die lithologischen Merkmale sprechen beim rothen Schiefer für das Old Red, ob aber der Russen-Insel-Kalk zu diesem und zum Devon, oder aber zum Unter-Carbon zu bringen sei, muss unentschieden bleiben. Im letztern Fall wäre das Pflanzenführende Lager durch eine ziemlich mächtige und weit verbreitete Ablagerung vom Ober-Devon getrennt, im erstern dagegen an die Grenze gegen das Obere Devon oder in dieses Devon selbst zu bringen, wenn die Grenze der Carbon-Periode an die Basis des Cyatophyllenführenden Bergkalkes verlegt würde.

Darüber muss der Charakter der Flora uns Aufschluss geben.

In Betracht der grossen Menge von Pflanzenresten, welche mir zur Untersuchung vorliegen, ist die Artenzahl sehr gering. Von diesen Arten sind mehrere (Palaeopteris Roemeriana, Sphenopteris Schimperi, Lepidophyllum Roemeri, Habonia tuberculosa, Cardiocarpum punctulatum und ursinum) nur in wenigen Stücken gefunden worden, so dass die Hauptmasse nur wenigen Arten angehört. Als solche haben wir in erster Linie den Calamites (Bornia) radiatus und das Lepidodendron Veltheimianum zu nennen, in zweiter; die Knorrien, Stigmarien, die Cyclostigmen und Cardiopteris-Arten. Der Calamit hat mit den Lepidodendren und Knorrien den Hauptantheil an der Bildung der Steinkohlen genommen, wie sein häufiges Vorkommen in den Kohlen selbst beweist. Von marinen Pflanzen oder Thieren ist in den Kohlen oder den sie zunächst umgebenden Pflanzenführenden Gesteinen ist keine Spur zu finden. Sie sind offenbar eine Süsswasserbildung und es hält nicht schwer aus dem Charakter der Pflanzen und den von Nordenskiöld mitgetheilten Lagerungsverhältnissen uns eine Vorstellung von der Bildungsgeschichte der Bären Insel zu verschaffen. Die deutlichen Spuren des Wellenschlages, welche Nordenskiöld in dem untersten, noch keine Pflanzen enthaltenden Sandsteinlager fand, weisen auf eine Strandbildung. Allmählig wurde der Boden durch Ablagerung grosser Sandmassen erhöht, welche nun die bis 24 Fuss mächtigen Sandsteinfelsen bilden. Dann wurde ein feiner, dunkelfarbiger Schlamm abgelagert, der allmählig eine bedeutende Mächtigkeit erhielt. Auf diesem siedelte sich ein Wald von Calamiten an, deren Rhizome den Schlamm nach allen Richtungen durchzogen; es sammelte sich stagnirendes Wasser an und es beginnt die Torfbildung, zu welcher die Calamiten das hauptsächlichste Material geliefert haben. Das Torflager wird überschwemmt und mit einer neuen Lettenschicht überdeckt, auf welcher wieder Calamiten, aber auch Lepidodendren, Knorrien und Cyclostigmen, sich ansiedeln und allmählig vertorfend neue Torfmassen erzeugten. Dieser Vorgang hat sich zeitenweise wiederholt und so entstanden die Schieferbänder, welche die Kohlen durchsetzen und voller Pflanzen sind. Es wird diese Torf- und Lettenbildung lange gedauert haben, da das Kohlenlager eine Mächtigkeit von 12 Fuss erreicht. Wahrscheinlich trat dann eine allmählige Senkung des Bodens ein; das mit Calamiten, Knorrien und Lepidodendren bekleidete Torfland wurde von Sandmassen verschüttet, die wohl durch einen Fluss herbeigeführt wurden. Dass diess in relativ kurzer Zeit geschah, zeigen die aufrechten Calamiten-Stämme, welche Nordenskiöld und Malmgren in dem Sandstein gefunden haben

Allmählig sank das Land unter Meer und zwar bis zu sehr beträchtlicher Tiefe, wie aus der grossen Mächtigkeit des Bergkalkes hervorgeht, welcher den Jammerberg bildet und im Meere abgelagert worden ist. Es ist die Bären Insel so klein, dass kaum anzunehmen ist, dass sie das Material zu Bildung der Sandsteine und Kohlenschiefer geliefert habe. Wahrscheinlich wurde es durch einen Fluss herbeigeführt, der auf einen grössern Umfang der Insel schliessen lässt. Vielleicht stand sie auch mit Nordrussland in Verbindung, wo wir am Weissen Meer, im Flussgebiet der Petschora und am Ural eine ähnliche Kohlenbildung treffen, die bis in den arctischen Kreis hinaufreicht. — Später wurde die Insel wieder gehoben und der marine Bergkalk bildet nun den Boden der Insel. Ob jüngere Ablagerungen durch Verwitterung verschwunden sind, oder keine solche sich hier gebildet haben, ist nicht zu entscheiden.

Ueber die *Verbreitung* der Pflanzen der Bären Insel giebt folgende Zusammenstellung Aufschluss.

Verbreitung der Bären-Insel-Pflanzen in der untern Kohlenformation.

Bären Insel Flora	Ursa-Stufe	Bergkalk	Culm
	Kiltorkan & Waterford; W. Bundoran; B. Ungern; V. Schwarzwald Scho Aachen A. St. John S. J. Melville Insel M.	Schlesien Schl. Hainichen, Elsenthal H. Ratingen, Ibbenb. R. Roscobel R.	Oberes Grauwacke Schlesien Schl. Mähren D. Harz Japan usw. H. Posidonien-Schiefer P. Westphalen W. Vogesen N. Millstone grit England E.
1. Calamites radiatus Brgn.	K. W. S. Schw. St. J.	Schl. H. R.	Schl. H. P. W. E.
2. Cardiopteris frondosa Goepp. sp.	V. Schw.	Schl.	D.
3. polymorpha Goepp. sp.	V.	Schl.	D.
4. Palaeopteris Roemeriana Goepp. sp.	V.	—	—
5. Sphenopteris Schimperi Goepp.	V.	Schl.	—
6. Lepidodendron Veltheimianum Sternb.	V. Schw. K. W.	Schl. H. R.	Schl. H. P. V. N.
7. commutatum Schimp.	V.	H.	
8. Volkmannia H.			
9. Osteozeilanus H.		—	
10. Lepidophyllum Bessneri He.			P.
11. Knorria imbricata Sternb.	V.	H. R.	Schl. H.
12. acicularis Goepp.	M. W. V.		Schl.
13. Cyatocarpus Kiltorkensc Heer	K. W.		
14. aculeatum Heer	K.		
15. Halonia tuberculosa Bgn.		R. H.	E.
16. Stigmaria ficoides Sternb.	W. K. V.	B. R. H.	Schl. H. E.
17. Cyclostigma pesettulatum Goepp.		Schl.	
18. microda He.			

Wir sehen aus dieser Zusammenstellung, dass von den 18 Arten nur drei anderweitig noch nicht nachgewiesen sind; die meisten und alle häufiger auftretenden Pflanzen gehören zu bekannten, zum Theil weit verbreiteten Arten und geben uns dadurch das Mittel an die Hand diese Flora mit derjenigen anderer Länder und der verschiedenen Abtheilungen des Steinkohlengebirges zu vergleichen.

Ich legte der Tabelle die drei Hauptabtheilungen des Unter-Carbon zu Grunde, welche meine Untersuchung ergeben hat. An den Culm schliesst sich nach Oben das Mittel-Carbon (die sogenannte productive Steinkohle) an, an die Ursa-Stufe nach Unten das

Ober-Devon mit den Cypridinen-Schiefern, daher wir die Grenze zwischen Carbon und Devon unter die Ursa-Stuffe verlegen, aus Gründen, die wir in der Folge entwickeln werden.

Eine Vergleichung der Bären Insel-Flora mit derjenigen des Mittel-Carbon zeigt uns drei gemeinsame Arten. Von diesen ist aber nur das Lepidodendron Veltheimianum von Wichtigkeit, welches im Mittel-Carbon zwar sehr selten ist, doch aber in Outre Rhone und bei Taninge gefunden wurde. Die Halonia tuberculosa der Bären Insel ist noch zweifelhaft, und die Stigmarien eignen sich als Wurzelstöcke verschiedener Pflanzen-Arten und wohl auch Gattungen nicht zu Vergleichungen, die auf genaue Artbestimmungen sich zu gründen haben. Es sind die Stigmarien ohne Zweifel ganz bezeichnend für das Steinkohlengebirge, da so eigenthümliche Rhizombildungen nur in diesem vorkommen, allein die verschiedenen Pflanzenarten, zu denen sie gehören, und der specifische Werth der verschiedenen Formen sind noch viel zu wenig aufgeklärt, um auf letztere Schlüsse zu bauen.

Es weicht daher in der That die Bären Insel-Flora sehr wesentlich von der Mittel-Carbon-Flora ab, indem eine einzige sicher bestimmte Art auch in dieser sich findet.

Ebenso sehr weicht sie aber von der Devon-Flora ab, wie wir dieselbe fassen. Vergleichen wir sie mit der Flora des Cypridinen-Schiefers von Saalfeld *), welche dem obersten Devon angehört, finden wir keine einzige übereinstimmende Art. Ueberhaupt wird aus dem Devon von Deutschland nur eine Art der Bären Insel angeführt. Es ist diese der Calamites radiatus, welcher von Goeppert im Ober-Devon von Kunzendorf in Schlesien angegeben wird. Dieser Fundort wurde aber früher von Goeppert zum Bergkalk gerechnet **) und wohl nur wegen des Vorkommens des Receptaculites Neptuni Defr. später zum Ober-Devon gezogen. Mir will es scheinen, dass der Calamit ihm dem Unter-Carbon zuweise und somit jener Zoophyt zu den zahlreichen niedern Thieren gehöre, welche vom Devon in das Unter-Carbon hinaufreichen.

Aus Amerika ist auch nur eine Bären Insel-Art bekannt, die im Devon angegeben wird. Es ist diess das Lepidodendron Veltheimianum Stb. Es hat Goeppert einen in der Hamilton-Gruppe (Mittel-Devon) Amerikas gefundenen Zweigrest für die Knorrienform dieser Lepidodendron-Art genommen. Da das abgebildete Stück von Cazenovia **) aber eine ächte Knorria darstellt, kann es nach meinem Dafürhalten nicht zu Lepidodendron gehören und ist bei seiner schlechten Erhaltung eine genaue Bestimmung desselben kaum möglich. Besser erhalten ist das Lepidodendron chemungense Vanux. aus der Chemung-Gruppe, welches Goeppert zu L. Veltheimianum zieht. Allein diese Chemung- und Katskill-Gruppe Newyorks ist wahrscheinlich mit grösserem Recht mit der Ursa-Stuffe des Unter-Carbon, als mit dem Devon zu verbinden. Wenn man aber auch diess nicht zugeben will und auch Kunzendorf noch ins Ober-Devon stellt, würden wir nur 2 ober-devonische Arten erhalten und zwar gerade 2 Arten, welche durch das ganze Unter-Carbon eine allgemeine Verbreitung haben und zu den eigentlichen Leitpflanzen desselben gehören.

Ganz anders ist das Verhältniss der Bären Insel-Flora zu derjenigen des Unter-Carbon, wie ein Blick auf die Tabelle zeigt. Von ihren 18 Arten sind 15 anderweitig im

---

*) Vgl. R. Richter und Fr. Unger; Beitrag zur Palaeontologie des Thüringerwaldes. Wien 1856.
**) Nova act. acad. Leop. Carol. 1852, p. 275.
***) Nova acta acad. Leop. Carol. 1860, Taf. 41 Fig. 4

Unter-Carbon nachgewiesen und zwar 12 in der untersten Stuffe, 10 im Bergkalk und 9 im Culm. Es kann daher nicht zweifelhaft sein, es gehört die Bären Insel-Flora ins Unter-Carbon. Es ist aber von grossem Interesse sie noch mit den einzelnen Fundorten anderer Länder zu vergleichen, woraus sich uns ergeben wird, dass sie, ganz entsprechend den Lagerungsverhältnissen der sie umschliessenden Gesteine, die grösste Aehnlichkeit mit der Flora der unmittelbar unter dem Bergkalk liegenden Sandsteine und Schiefer hat und dass diese Flora eine besondere Stuffe des Unter-Carbon bildet, welche den Uebergang zum Ober-Devon vermittelt. Wir nennen sie die Bären Insel-Stuffe (Ursa-Stuffe) und wollen zunächst die Flora derselben zusammenstellen.

I. URSA-STUFFE.

1. FLORA VON KILTORKAN.

Die Flora der Bären Insel schliesst sich am nächsten an diejenige der gelben Sandsteine und der Kohlenschiefer von Südwest-Irland und an die der Grauwacke der Vogesen an.

Die Hauptfundstätte der irländischen Pflanzen ist bei Kiltorkan, nahe bei Ballyhale, in der Pfarrei Knocktopher. Die Pflanzen liegen hier in einem hellgelben, sehr feinkörnigen Sandstein, so dass er wie ein hellgelber Thon aussieht. Sie sind sehr gut erhalten und heben sich zum Theil durch ihre schwarze Farbe sehr schön von dem hellen Gestein ab. Dieser Sandstein ruht unmittelbar auf dem Old Red, der keine Versteinerungen enthält. Auf den Sandstein folgen nach Oben:

a) ein dunkelfarbiger Schiefer, der als *Kohlenschiefer* (Carboniferous Slate) bezeichnet wird und

b) der *Bergkalk*[*]; auf welchen, zwar nicht in Kiltorkan, aber in andern Theilen Süd-Irlands, eine Kohlenbildung folgt, welche Jukes zum Mittel-Carbon (coal measures) brachte, die indessen viel eher zum Culm gehört, da sie viele *Posidonomya Becheri* enthält.

Der Kohlenschiefer hat bei Kiltorkan eine geringe Mächtigkeit (etwa 150 Fuss), nimmt aber gegen West hin zu und enthält in den untern Lagern Zwischenlager von Gries, welchen Jukes als Coomhola-Grit bezeichnet hat. In dem Kohlenschiefer und dem Gries kommt eine reiche marine Fauna vor. Es hat Herr Baily, Palaeontolog der geological survey von Irland, dieselbe bearbeitet und ein Verzeichniss veröffentlicht [**].

Von den genauer bestimmten 47 Arten wurden folgende auch im Bergkalk Irlands gefunden:

---

[*] Von den marinen Thieren, welche Baily aus demselben anführt, hebe hervor : Spirifer striatus, Sp. bisulcatus Productus giganteus, Pr. punctatus. Pr. plicatilis, Fenestella antiqua, die auch im Bergkalk der Bären Insel nachgewiesen sind.

[**] Memoirs of the Geolog. Survey of Ireland 1861, p. 15 und folgende. Auch Salter hat sich mit dieser Fauna beschäftigt. Er führt aus dem Kohlenschiefer die Fenestella plebeia, Spirifer cuspidatus, Sp. disjunctus ?, Orthis Michelini, Streptorhynchus crenistria, Athyris squamosa, Rhynchonella pleurodon und Modiola Macadami an ; aus dem Coomhola-Grit Rhynchonella pleurodon, Spirifer disjunctus (Sp. Verneuilii Murch.) und Avicula Damnoniensis. Er zog aus diesen Vorkommnissen den Schluss, dass dieser Kohlenschiefer in der obern Abtheilung die gewöhnlichen Carbon-Arten enthalte. Vgl. Quarterly Journ. of the Geol. Soc. of London 1863, p. 487.

Fenestrella antiqua, Athyris ambigua, A. lamellosa, A. planosulcata, Chonetes Hardrensis, Productus scabriculus, Pr. semireticulatus, Spirifer cuspidatus, Sp. lineatus, Sp. striatus, Sp. pinguis, Spiriferina cristata, Rhynchonella pleurodon, Streptorhynchus crenistria, Terebratula hastata, Aviculopecten papyraceus, A. spec. Orthoceras cinctum, O. spec. Euomphalus spec. Macrocheilus spec.

Zu diesen 21 mit dem Bergkalk Irlands gemeinsamen Arten kommen weitere 9 Arten, die anderwärts im Bergkalk oder Carbon beobachtet wurden, nemlich: Cyathophyllum celticum Lond. sp., Discina nitida, Lingula squamiformis, Orthis Michelini, Modiola Macadami, Sanguinolites transversus, Acroculia striata, Orthoceras undulatum, Actinocrinus polydactylus.

Wir erhalten somit für den Kohlenschiefer 30, die als Carbon-Arten bekannt sind; während nur 14 Arten anderwärts nur im Devon gefunden wurden. Es sind diese:

Pleurodictyum problematicum Goldf.? Spirifer disjunctus. Avicula Damnoniensis. Aviculopecten nexilis. Cucullaea amygdalina, C. Hardingii. Curtonotus elegans. Cypricardia Phillipsi. Bellerophon bisulcatus, B. striatus, B. subglobatus.

Fünf weitere Arten, die Baily noch aufführt, scheinen dem Kohlenschiefer eigenthümlich zu sein.

Von Pflanzen habe ich von Herrn Baily aus dem Kohlenschiefer der Tallowbridge bei Waterford erhalten: Calamites radiatus, Lepidodendron Veltheimianum *) und Knorria acicularis, zu welchen Arten noch das Cyclostigma minutum gefügt werden kann. Es sind diess alles Arten, die wir auch auf der Bären Insel haben, und da auch von den marinen Thieren des Kohlenschiefers etwa ? mit solchen des Kohlenkalkes übereinstimmen, kann er nicht zum Devon gehören, sondern muss in die untere Abtheilung des Carbon gebracht werden. Noch weiter geht freilich Jukes, welcher zu zeigen suchte, dass er nur eine Facies des Bergkalkes sei. Er schliesst diess namentlich aus dem Umstand, dass der Bergkalk an Mächtigkeit abnehme, wo der Kohlenschiefer mächtiger wird und somit an seine Stelle trete **). Wo der Bergkalk 2600 und mehr Fuss mächtig sei, da habe der Kohlenschiefer selten mehr als 200 F. Mächtigkeit, wo aber dieser zu 3, 4 und 5 tausend Fuss anschwelle, da liege niemals Bergkalk auf demselben, sondern nur hier und da Kohlen-Nester, die zum eigentlichen Carbon zu gehören scheinen. Indessen muss immerhin der Kohlenschiefer an allen Stellen, wo er unter dem Bergkalk liegt, etwas älter sein als dieser und darf von demselben unterschieden werden, da er manche devonische Arten enthält, welche nicht bis in den Bergkalk hinaufreichen.

Unmittelbar unter diesem Kohlenschiefer liegt in Kiltorkan der gelbe Sandstein. Er ist wenig mächtig und besteht aus vier Lagern, die zum Theil in Platten sich spalten

---

*) Es ist ein junger Zweig mit kleinen elliptischen Blattnarben und reicht zur sicheren Bestimmung nicht aus. Nach Herrn Baily kommt aber das Lepidodendron Veltheimianum bei der Tallowbridge häufig vor und wurden Stammstücke von 6 Fuss Länge gefunden (Geolog. Survey 1864, p. 22). Auch erwähnt Schimper von de einem Zapfen, der wahrscheinlich zu dieser Art gehöre, und einen dazu stammenden, beblätterten Zweig (Paleontol. Veget. II, p. 64). Prof. Haughton fahrt von der Tallowbridge Stigmaria, Cyclostigma minutum und Lepidodendron Sternbergi an. Ich vermuthe aber, dass letzteres zu L. Veltheimianum gehöre, welches von L. Sternbergii schwer und in schlecht erhaltenen Exemplaren kaum zu unterscheiden ist.

**) Mem. of the geolog. survey of Ireland 1864, p. 36 and Quart. Journ. of the Geolog. Soc. of London 1866, p. 345.

lassen. Es sind bis jetzt von dieser Stelle folgende Pflanzen-Arten uns bekannt geworden *):

1. *Calamites radiatus* Brgn. Die grossen Stammstücke gehören theils zur gewöhnlichen Form mit schmalen Furchen, theils aber zum C. laticostatus Ett. Auch die Form mit erweiterten Furchen kommt vor.

2. *Cyclostigma Kiltorkense* Haught. Es ist dies eine der häufigsten Arten, von welcher zahlreiche und grosse Stammstücke mir zukamen. Die äussere Rinde ist von zahlreichen, dicht stehenden Runzeln durchzogen; die innere Rinde dagegen ist glatt (C. Griffithi Hght).

3. *Cyclostigma minutum* Haught. Ist ebenfalls häufig.

4. *Lepidostrobus Bailyanus* Schimp. Ist wohl der Fruchtzapfen von Cyclostigma.

5. *Lepidodendron Veltheimianum* Sternb. Ich erhielt einen jungen Zweig.

6. *Stigmaria ficoides* Sternb., die Form mit den grossen, ziemlich dicht beisammen stehenden Narben; daneben die breiten, grossen Zasern.

7. *Palaeopteris hibernica* Forb. sp. Ist häufig und tritt in prachtvollen Wedeln auf, die bis 2 Fuss Breite haben. Baily hat einen Wedel von vier Fuss Länge aufgefunden.

8. *Sphenopteris Hookeri* Baily. Diese Art kenne nur aus der von Baily*) gegebenen Abbildung. Sie ist mit Sph. Schimperi nahe verwandt und gehört in dieselbe Gruppe der grossen Gattung.

9. *Sphenopteris Humphriesiana* Baily.

In denselben gelben Sandstein von Kiltorkan wurden auch Thierversteinerungen gefunden, nemlich eine grosse Teichmuschel (Anodonta Jukesii Forb.) und mehrere Kruster, nemlich Pterygotus hibernicus, Belinurus? Kiltorkensis und Proricaris Mac Henrici, von welchen die zwei ersten carbonischen, der Proricaris aber silurischen Formen am ähnlichsten sind. Dazu kommen Schuppen von Fischen, von denen die Gattung Coccosteus erkannt wurde **); aber auch die Gattungen Asterolepis, Bothriolepis und Pterichthys sind, nach Baily, wahrscheinlich repraesentirt, Gattungen die im Old Red Schottlands zu Hause sind.

Diese gelben Sandsteine sind wahrscheinlich eine Süsswasserbildung, wofür schon die grossen, dünnschaligen Anodonten sprechen; ihr Vorkommen und Verbreitung ist daher mehr local als das der Kohlenschiefer, der mancherorts unmittelbar auf dem Old Red

---

*) Ich verdanke den Herrn W. H. Baily in Dublin und meinem Freunde H. Robert Scott, Director der meteorological office in London, die Zusendung einer sehr werthvollen Sammlung von Kiltorkan-Pflanzen, auf welche ich obige Zusammenstellung gründen konnte.

**) Vgl. Explanations to accompany Sheets 147 and 157 of the maps of the Geolog. Survey of Ireland Dublin 1861, p. 15. Die Sphenopteris Sp. (Baily: memoires of the Geolog. Survey of Ireland 1864, p. 19, F. 1) ist wohl kaum davon verschieden. Die als Filicites lineatus abgebildeten Reste l. c. tp. 20, Fig. 2) sind ohne Zweifel die Blattspindeln von Farn und gehören wohl zu Sphenopteris. Ethgeridge führt in seinem Verzeichniss (Quart. Journ. 1867, p. 616) den Trichomanites adnascens Lind. sp. aus dem Ober-Devon auf. Es ist hier wohl auch der gelbe Sandstein Irlands gemeint. Doch wäre zu wünschen gewesen, dass er die Quelle, worauf er diese Angabe stützt, genannt hätte. Es ist dieser Farn bis jetzt nur aus dem Mittel-Carbon von Whitehaven bekannt (cf. Lind. Foss. Flora II, t. 100). Der Filicites eultransis Haught. (Journ. geol. soc. Dublin VI. 237) ist nur ein Fetzen einer Farnspindel, der nicht berücksichtigt werden kann.

***) Vgl. Geol. Surv. of Ireland, Dublin 1861, p. 17.

aufruht. Diess ist auch bei der Tallowbridge der Fall. Es ist daher zweifelhaft ob die Schiefer, welche dort die Pflanzen einschliessen, gleich alt oder aber etwas jünger seien als die gelben Sandsteine in Kiltorkan. Sind sie gleich alt so wäre zur Zeit als bei Kiltorkan der gelbe Sandstein in einem Süsswassersee sich ablagerte, in der Gegend von Waterford eine Strandbildung gewesen, in welcher Sandstein und Schiefer abgesetzt wurden, die neben Landpflanzen auch Meerthiere einschliessen (so die Avicula Danamoniensis). Die Pflanzen stimmen in drei wichtigen Arten mit denen von Kiltorkan überein, welche die nahe Verwandschaft dieser Floren beurkunden.

Fügen wir die Knorria acicularis der Tallowbridge den Pflanzen von Kiltorkan hinzu, erhalten wir 10 Arten von denen (mit Ausschluss der Stigmaria) fünf mit solchen der Bären Insel übereinstimmen. Die Palaeopteris hibernica ist in Schottland auch im Bergkalk gefunden worden, dagegen ist sie allerdings auf der Bären Insel noch nicht nachzuweisen, wohl aber die ihr nahe verwandte P. Roemeriana. Der Calamit, das Lepidodendron und die Knorria repräsentiren wichtige gemeinsame Arten und die beiden Cyclostigmen, welche in Süd-Irland eine grosse Rolle spielen, tauchen auch auf der fernen Bären Insel auf. Die völlige Uebereinstimmung von Arten, die durch ihr häufiges Vorkommen als wahre Leitpflanzen zu betrachten sind, in zwei so weit auseinander liegenden Ablagerungen lässt kaum zweifeln, dass diese Floren derselben Zeitepoche angehören.

Damit ist das geologische Alter der gelben Sandsteine von Südwest-Irland bestimmt. Wir haben früher gesehen, dass die Bären Insel-Flora so nahe verwandt ist mit derjenigen des Bergkalk und des Culm, dass wir sie mit dieser und nicht mit dem Devon zu verbinden haben. Die Grenzlinie zwischen dem Devon*) und Carbon fällt daher unter den gelben Sandstein. Diess stimmt mit der Ansicht, welche Sir R. J. Griffith, Prof.

---

*) Da die devonische Gruppe von Devonshire nach ihrem geologischen Alter und ihrem Verhältniss zum Old Red sehr bestritten ist, ist der darauf gegründete Name des Devon für alle Ablagerungen zwischen dem Silur und Carbon vielfach angegriffen worden. Da er aber allgemein angenommen ist, habe ihn beibehalten. Jukes suchte zu zeigen, dass das sogenannte Devon von Devonshire eine gleichzeitige Bildung mit dem Kohlenschiefer und Bergkalk sei und mit dem Old Red nicht parallelisirt werden könne (vgl. Notes on Parts of South Devon and Cornwall with remarks on the true relations on the Old Red sandstone to the Devonian formation Dublin 1868. Vgl. auch Pengelly: the present position of opinion respecting the Geology of Devonshire 1867). Wäre diese Ansicht richtig, würde Devonshire das Devonian fehlen, weil es ins Unterst arben fallen würde, und der Name Devonian wäre allerdings schlecht gewählt. Die gründliche Arbeit von Prof. Edgeridge (On the Physical structure of Westsomerset and North Devon and on the Palaeontological value of the Devonian Fossils. Quart. Journ. 1867. p. 568 u. f.) hat aber gezeigt, dass die als Devon bezeichneten Ablagerungen von Nord- und Süd-Devonshire eine Fauna einschliessen, die einestheils von der silurischen ganz verschieden sei, wie sie sich andererseits auch von der carbonischen in der Mehrzahl der Arten unterscheide und so ein abgeschlossenes Zwischenglied zwischen Silur und Carbon bilde. Jedoch bleibt die Stellung der obersten Ablagerungen des Devon von Devonshire immer noch zweifelhaft. Den Kohlenschiefer und Cyclostigma-führt Irelands rechnet er zum Carbon (p. 616), aber auch Barnstaple gehört wohl viel eher hieher als zum Devon, und es ist noch eine offene Frage, ob nicht auch Pilton und das Marwoodbed nicht eher in die Ursa-Stufe des Unter-Carbon als zum Devon zu stellen sei. Aus der von Edgeridge mitgetheilten Tabelle (p. 629) ersehen wir dass sein Ober-Devon von Nord-Devonshire mit dem Carbon 38 Thierarten theilt, während das dem Unter und Mittel-Devon nur 20 Arten. In der grossen Tabelle (p. 646) enthalten die Pilton- und Barnstaple-Gruppe zusammengenommen 98 Species, von denen sind 38 im Mittel- und Unter-Devon Englands, während 42 Species auch im Carbon (Kohlenschiefer und Bergkalk) vorkommen. Es ist sehr zu bedauern, dass die in Devonshire vorkommenden Pflanzen aus diesen ältern Ablagerungen noch keiner genauen Untersuchung unterworfen wurden. Sie würden zu Bestimmung der Grenzlinie zwischen dem Devon und Carbon von Devonshire ein wichtiges Hilfsmittel an die Hand geben; stimmen sie mit denen der gelben Sandsteine Irlands überein, hätten wir das Marwoodbed der Ursa-Stufe einzureihen.

Haughton*) und Symonds**) vertheidigt haben, während Murchison***), Salter, Lyell und überhaupt die meisten englischen Geologen den gelben Sandstein Irlands zum Ober-Devon stellen und die Grenzlinie zwischen denselben und den Kohlenschiefer oder gar zwischen den Kohlenschiefer und den Bergkalk legen. Da der Old Red Irlands keinerlei Versteinerungen enthält, beruht die Annahme, dass der gelbe Sandstein zum Old Red gehöre, nur auf lithologischen Merkmalen und auf der Angabe, dass die Fische von Kiltorkan denen des Old Red von Schottland ähnlich sehen. Diese Fischreste Irlands bestehen aber nur aus einzelnen Schuppen und einigen Zähnen, und so lange keine Arten als mit denen des Old Red von Schottland sicher übereinstimmend nachgewiesen sind, können diese Fischreste keineswegs gegen die Stellung sprechen, welche die Pflanzen dem gelben Sandstein von Kiltorkan anweisen. Sie sagen uns nur, dass manche Fischgattungen, die man bislang als dem Old Red ausschliesslich angehörend betrachtet hat, bis in die Ursa-Stuffe des Unter-Carbon hinaufreichen, hier aber wahrscheinlich in andern Arten auftreten, als im Old Red Schottlands. Dasselbe haben wir ja bei den Pflanzen, und von den niedern Thieren reichen nicht nur viele Gattungen sondern selbst zahlreiche Arten vom Devon bis in den Bergkalk hinauf. — Aber, sagt Salter, es sei nicht möglich den gelben Sandstein vom Old Red zu trennen, weil er die obere Parthie dieser Formation selbst sei, die hier ihre Farbe geändert habe†. Also soll hier die ähnliche Gesteinsbeschaffenheit entscheiden, ein Merkmal auf das in der That kein Werth zu legen, wo so gewichtige palaeontologische Gründe dagegen sprechen. Im Uebrigen ist es wahrscheinlich, dass ein Theil des rothen Sandsteines noch zur Ursa-Stuffe gehört und die Grenzlinie zwischen Carbon und Devon an manchen Orten im Old Red zu suchen ist. Symonds giebt die Old Red Conglomerate für Süd-Irland als eine vortreffliche Grenzlinie an und sagt, dass das, was man in England so nenne, die Basis des Carbon bilden müsse ††).

2. DIE GRAUWACKE DER VOGESEN UND DES SÜDLICHEN SCHWARZWALDES.

Da die Lagerungsverhältnisse über das Alter der Grauwacke der Vogesen keinen Aufschluss geben, sind die Pflanzen, welche sie einschliessen, allein massgebend. Es kommen dieselben aus den Steinbrüchen von Thann, Bitschwiller und Bourbach. Die von Herrn Prof. Schimper vortrefflich beschriebenen und abgebildeten Arten sind †††): Cala-

---

*) Vgl. On the evidence afforded by Fossil Plants, as to the Boundary Line between the Devonian and Carboniferous Rocks, by S. Haughton. Journ. of the geolog. soc. of Dublin VI. p. 238. Er führt 11 Localitäten Süd-Irlands auf, an denen der gelbe Sandstein vorkommt; an acht derselben giebt er die Cyclostigmen (als Sigillaria dichotoma) an. An mehreren kommen in demselben auch marine Thiere vor, so dass er hier und da eine Strandbildung zu sein scheint. Bei Komphtes Bridge sei die Fuerstella antiqua bei dem Cyclostigma, bei Cultra die Modiola Macadami, Kellia gregaria und Holoptychius Portloki. Die Sternbergia approximata, welche er anfuhrt, durfte wohl zum Calamites radiatus gehören (vgl. unsere Taf. X Fig. 8).
**) On the base of Carbonif. Deposit. Edinburgh new philosophic Journ. New Series 7, p. 222.
***) Murchison Quart. Journ. 1859, p. 454, 457. Lyell Elements of Geology. 6.te Aufl. p. 524.
†) Quarterly Journ. 1863, p. 187.
††) Edinburgh new philos. Journ. 7, p. 222. Auch Sir R. J. Griffith zieht die Grenzlinie mitten durch den Old Red, welcher stellenweise eine ungeheure Mächtigkeit hat. Wie trügerisch die lithologischen Merkmale sind, zeigen die Reptilien einschliessenden Gesteine von Elgin, die man lange Zeit zum Old Red zählte, während es sich jetzt herausstellt, dass sie viel eher zum Trias gehören.
†††) Vgl. Schimper und J. Koechlin-Schlumberger, le terrain de transition des Vosges, Strasbourg 1862. Das Lepidodendron acuminatum gehört zu L. Veltheimianum. Das Aneistrophyllium stigmatiforme Goepp.

mites radiatus Br., Cardiopteris polymorpha, C. frondosa, Triphyllopteris Collombiana, Sphenopteris Schimperi, Lepidodendron Veltheimianum, L. commutatum, Knorria imbricata, Kn. acicularis, Stigmaria ficoides, Dadoxylon vogesiacum und D. ambiguum.

Von diesen 12 Arten finden sich 9 auf der Bären Insel und vier sind uns aus Irland bekannt. Wie auf der Bären Insel ist der Calamites radiatus ungemein häufig und bildet mit den Lepidodendren, Sigillarien und Knorrien die Hauptmasse der Pflanzen. Von den Farn sind es nur ein paar Sphenopteriden und grossblättrige Neuropteriden, welche auftreten, während die Pecopteriden gänzlich fehlen. Es stimmt daher diese Flora in auffallender Weise mit derjenigen der Bären Insel überein und hat sehr wahrscheinlich zur selben Zeit diese Gegenden bewohnt. In den südlichen Vogesen wurde in der Nähe von Belfort eine Ablagerung mit marinen Petrefakten entdeckt [*], welche ober-devonische Arten enthält, während bei Plancher les mines Arten des Bergkalkes gesammelt wurden, doch ist es zur Zeit nicht möglich, die Stellung, welche sie in Betreff der Lagerungsverhältnisse zur Grauwacke einnehmen, näher zu bestimmen.

In dem gegenüber liegenden *Schwarzwald* kommt eine ähnliche Grauwacke bei Todtnau, Badenweiler und Mühlheim vor, welche den Calamites radiatus, die Cardiopteris frondosa und das Lepidodendron Veltheimianum enthält und sich dadurch nahe an die der Vogesen anschliesst, wogegen die Grauwacke des Kinzigthales (mit Calamites Voltzii, Hymenophyllites dissectus, Cyclopteris flabellata und Pecopteris aspera) zum obersten Culm gehören muss.

NIEDER-BOULONNAIS.

Im östlichen Frankreich tritt die Ursa-Stuffe wahrscheinlich im Nieder-Boulonnais auf. Dort erscheinen nach Godwin Austen unter dem Bergkalk eine Reihe von Schiefer- und Sandsteinschichten, welche viele Calamiten und Farn enthalten, manche aber auch viele marine Thiere eingeliefert haben, unter denen wir den Spirifer disjunctus und Rhynchonella pleurodon erblicken. Nach Salter findet sich nichts in der ganzen Section, das einen tiefern Horizont anzeigt als das Marwoodbed. Mir scheint es wahrscheinlich, dass das Pflanzenlager der Ursa-Stuffe angehöre, doch kann erst darüber entschieden werden, wenn die Pflanzen eine genauere Bestimmung erhalten haben.

1. DIE VERNEUILI SCHIEFER VON AACHEN.

In der Gegend von Aachen kommt bei Moresnet unmittelbar unter dem Bergkalk ein Schiefer vor, welcher auf dem Eifelkalk aufruht. Derselbe lieferte die Palaeopteris Roemeriana und Spirifer disjunctus Sow. (S. Verneuilli Murch.) und wurde von Herrn von Dechen [**] als Verneuili Schiefer bezeichnet und an die oberste Grenze des Devon gestellt. Da aber dieser Spirifer in Irland auch im Kohlenschiefer vorkommt, somit aus dem

---

und Didymophyllum Schottini Goepp. sind die Stammbasis von Knorria und daher eingezogen, dagegen habe die Knorria acicularis aufgenommen, welche nach brieflicher Mittheilung Schimpers dort vorkommt.

[*] Vgl. Description géologique et minéralogique du Depart. du Haut-Rhin par Delbos et J. Koehlin-Schlumberger. Mulhouse, I, p. 11. II. 505.

[**] Herr von Dechen theilt das Devon in folgende 4 Abtheilungen: 1) Ardennen-Schiefer (Koblenzer-schichten), 2) Lenne-Schiefer (Eifelkalk), 3) Cypridinen-Schiefer (Goniatiten-Schiefer, Fling, Kramenzel mit Clymenien, Petherwyngruppe), 4) Verneulli-Schiefer.

Devon ins Unter-Carbon hinaufreicht und das Farnkraut unter den Pflanzen der Bären Insel uns begegnet, dürfen wir wohl diesen Vernenlii-Schiefer Aachens der Ursa-Stuffe einreihen und die Grenzlinie um so mehr unter denselben legen, da er mit dem darunter liegenden Eifelkalk eine discordante Lagerung zeigt.

5. AMERIKA.

In Amerika begegnet uns die Bären Insel-Stuffe in *St. John* in Neu Braunschweig (Canada). Da Dawson, der gründlichste Kenner der canadischen fossilen Flora, diese wichtige Lokalität zum Ober-Devon rechnet, habe ich meine Ansicht näher zu begründen.

Nach Dawson liegen die Pflanzen in dunkelfarbigem Schiefer und grauem Sandstein, welche eine grosse lithologische Aehnlichkeit mit denen des Carbon haben. Sie bilden seine *Little River*-Gruppe, welche stellenweise eine Mächtigkeit von 5150 Fuss hat. Sie ist in Neu Braunschweig bedeckt von dunkelrothen und grünlichen Schiefern und Sandsteinen von 1850 Fuss Mächtigkeit, auf welche das Kohlensystem folgt. Unter der die Pflanzen enthaltenden Little River-Gruppe liegen röthliche Conglomerate und verschiedenfarbige Schiefer und Sandsteine. Sie bilden Dawsons Bloomsbury-Gruppe von 2500 Fuss Mächtigkeit, welche dem Silur anlagert.

Das von Dawson gegebene Verzeichniss der Pflanzen von St. John[*]) enthält 48 Arten. Von diesen sind 37 Arten nicht anderwärts gefunden worden, neun sind aus dem Carbon und drei aus dem Devon[**]) bekannt.

Die Mehrzahl der mit andern Lokalitäten gemeinsamen Arten kommt also dem Carbon und nicht dem Devon zu und es ist sehr beachtungswerth, dass zwei dieser Devon-Arten nur in einigen wenigen Blattfetzen gefunden wurden, deren Deutung noch angezweifelt werden kann, während unter den Carbon-Arten die Calamiten häufig sind.

Die Carbon-Arten von St. John sind:

Calamites radiatus Br., C. cannaeformis Br., Asterophyllites longifolius Br.? Palaeopteris Boeckschii Goepp. sp., Sphenopteris Hoenninghausii Br., Hymenophyllites obtusilobus Goepp., H. Gersdorffii Goepp., Pecopteris obscura Lesq.? und Sigillaria ficoides Sth. (dieselbe Form wie im Carbon).

Lassen wir die zwei Arten, deren Bestimmung noch nicht ganz gesichert ist, bei Seite, erhalten wir sieben Arten, die im Unter-Carbon Europas nachgewiesen sind und unter diesen eine eigentliche Leitpflanze des Unter-Carbon, den Calamites radiatus, der in

---

[*]) Vgl. J. W. Dawson Acadian Geology, zweite Auflage. London 1868, p. 534.
[**]) Es sind diess Cordaites angustifolius Daws., Cyclopteris Jacksoni Daws. und C. obtusa Lesq. Der Cordaites wird auch im Marcellus-Schiefer von Newyork und in dem Ober-Silur (?) des Cap Gaspé (Dawson l. c. p. 517) angegeben. Dawson hat indessen von St. John nur Blattfetzen ohne Basis und Spitze erhalten. Die Cyclopteris Jacksoni, welche Schimper zu Palaeopteris Halliana Goepp. zieht, ward in Sandstein von Montrose (Newyork) angegeben, wurde in St. John nur in kleinen Fetzen gefunden. Die Cyclopteris obtusa Lesq. (Neuropsis gerathia) wird von Schimper (Paläontolog. végét I, p. 176) zu Palaeopteris hibernica gezogen, doch scheint sie sich durch grössere Fiederchen und ihre starkere keilförmige Verschmelzung am Grund (vgl. Dana's Abbildung im Manual of Geology, p. 291, Fig. 597 A) zu unterscheiden, stellt aber jedenfalls eine nahe verwandte Art dar. Sie wird von Dana in die Katskill-Periode angegeben. Von derselben Stelle, aber auch aus dem obern Theil der Hamilton-Gruppe und vom Cap Gaspé wird das Lepidodendron Gaspianum Daws. angeführt. Für die St. John-Pflanze ist aber die Bestimmung nach Dawson (l. c. p. 541) noch sehr zweifelhaft; sie könnte gar wohl zu L. Veltheimianum gehören, welcher Art die jungen Zweige des L. Gaspianum sehr ähnlich sehen.

St. John stellenweise ganze Felslager erfüllt, also daselbst ebenso häufig ist, wie in Irland, Frankreich, Deutschland und auf der Bären Insel. Dazu kommt, dass unter den 37 Arten von St. John, welche bislang noch nicht anderwärts gefunden wurden, 12 Arten sind, die solchen des Carbon sehr nahe stehen und zum Theil nur mit Mühe davon zu unterscheiden sind. So ist gerade der häufigste Farn der untersten Abtheilung von St. John, die Pecopteris discrepans Daw. sp., kaum von der P. lonchitica zu unterscheiden, einer Art, welche sowol in Amerika, wie Europa, häufig im Carbon auftritt. Ebenso steht der häufige Cordaites Robbii Daws. dem C. borassifolius Stb. sp. so nahe, dass er nach Dawson leicht für denselben genommen werden kann, und der Asterophyllites parvulus Daws. ist nur durch die grössere Zahl der Blätter im Wirtel von A. delicatulus Stb. sp. (Beehera) zu unterscheiden. Es hat daher in der That die Flora von St. John ganz den Charakter der unter-carbonischen Formation, und es kann sich sogar fragen, ob sie nicht der Culm-Flora näher steht als der Ursa-Flora, da sie mit ihr fünf Arten theilt und die Pecopteriden hier wie im Culm auftreten. Ihr näheres Verhältniss zur Devon-Flora macht es indessen wahrscheinlicher, dass sie der Ursa-Stufe angehöre. Als eine devonische Gattung von St. John erscheint das Psilophyton, welches indessen hier in zwei eigenthümlichen Arten auftritt, die uns sagen, dass diese Gattung, welche bislang noch nicht in Europa beobachtet wurde, in Amerika vom Unter-Devon bis in die unterste Stufe des Unter-Carbon hinaufreiche.

Die Lagerungsverhältnisse der St. John-Schichten sind nicht gegen die Stellung, welche wir ihnen anweisen. Die 2500 Fuss mächtige, versteinerungslose Blomburg-Gruppe von Dawson, welche zwischen der Pflanzenführenden Little River-Gruppe und dem Ober-Silur liegt, kann dem Devon entsprechen, wenn solches überhaupt hier vorkommt, und auf die versteinerungslose Mispeck-Gruppe, welche die Little River-Gruppe deckt, folgt in St. John der Drift.

Die wenigen Thierversteinerungen, die bis jetzt in St. John entdeckt wurden, geben keinen entscheidenden Aufschluss, sprechen aber eher für das Carbon als Devon. Eine kleine Spirorbis, die häufig an den Blättern des Cordaites haftet, steht dem Sp. carbonarius, der im Carbon Amerikas, wie Europas, verbreitet ist, sehr nahe, und die zwei kleinen Krebse (Eurypterus pulicaris Salt. und Amphipeltis paradoxus Salt.) gehören zu Gattungen, von denen die erstere im Carbon, wie Devon vorkommt. Von besonderem Interesse sind die Flügel von vier Insekten-Arten (Platephemera antiqua Scud., Homothetus fossilis Scud., Lithentomum Harttii Scud. und Xenoneura antiquorum Scud.), welche nach Scudder zu den Neuropteren gehören und mit den Ephemeriden und Sialiden verwandt sind. Sie sagen uns, dass Süsswasser in der Nähe gewesen sein muss, während die Spirorbis auf eine Brackwasserbildung weist.

6. DIE PARRY INSELN.

Die Steinkohlen- und Sandsteinlager dieser hochnordischen Inseln gehören dem Unter-Carbon an [*]. Da sie unter dem Kohlenkalk liegen, werden sie wahrscheinlich den Sandsteinen der Bären Insel entsprechen und somit zur Ursa-Stufe gehören. Die dort

---

[*] Vgl. meine Fossile Flora der Polarländer I, p. 49.

gesammelten fossilen Pflanzen sind leider grossentheils verloren gegangen und habe nur wenige und undeutliche Reste, welche M'Clintock nach Dublin gebracht hat, zur Untersuchung erhalten können. Unter denselben ist die Knorria acicularis Gp. von der Melville-Insel, welche wenigstens einen Anknüpfungspunkt an die Flora der Bären-Insel bildet. Die Schizopteris Melvillensis gehört zu den Cyclopteris-artigen Farn und ist vielleicht ein Blattfetzen einer Palaeopteris oder Cardiopteris, da sie ähnliche zarte und dicht stehende Längsnerven besitzt. Die unter Noeggerathia beschriebenen und mit Cordaites angustifolius Daws. verwandten Blattreste scheinen der Melville Insel eigenthümlich zu sein, und auch von den beiden Nadelhölzern (Pinus Bathursti und Thuites Parryanus) ist auf der Bären-Insel noch keine Spur gefunden worden.

Aus dem arctischen Asien fehlen uns noch alle Nachrichten über das Vorkommen der Steinkohlenbildung. Da indessen an der Lena, nur sechs Breitengrade vom arctischen Kreis entfernt, Kohlenlager mit dem Calamites cannaeformis entdeckt worden, lässt diess hoffen, dass auch dort eine ähnliche unter-carbonische Flora zum Vorschein kommen werde, wenn ihr die nöthige Sorgfalt zugewendet wird.

Stellen wir sämmtliche bis jetzt in der Ursa-Stuffe des Unter-Carbon gefundenen Pflanzen zusammen erhalten wir das folgende Verzeichniss.

Verzeichniss der Pflanzen der Ursa-Stuffe.	Devon.	Unter-Carbon.					Berg-kalk.	Culm.	Mittel-Carbon.
		Bären-Insel.	Augenus Schwarz-wald, Aachen.	Island	St. John	Parry-Inseln			
Calamiteae.									
Calamites radiatus Br.		?		?		?		?	
— cannaeformis Br.	—			?	—		?		—
Asterophyllites acicularis Daws.		—			?				—
— latifolius Daws.		?			?				
— scutigerus Daws.					?				?
— longifolius Br.					?				
— parvulus Daws.		—			?				
— laxus Daws.					?				
Annularia acuminata Daws.					?				
Sphenophyllum antiquum Daws.					?				
Pinularia dipalma Daws.		—			?				
Filices.									
Cardiopteris frondosa Gp. sp.		?					?	?	
— polymorpha Gp. sp.		?	?				?		
Palaeopteris hibernica Forb. sp.			?				?		
— obtusa Lesq. sp.	?								
Rosmannia Gp. sp.		?	?						
Beekschii Gp. sp.					?				—
— Jacksoni Daws.	?				?		—		—
Cyclopteris varia Daws.					?				
Triphyllopteris Colchubiana Schp.		?	?						—
— valida Daws. sp.					?				
? Schizopteris Melvillensis Hr.		—					?		

Neuropteris polymorpha Daws.
　Dawsoni Hartt.
　crassa Daws.
Sphenopteris Schimperi Gp.
　Hookeri Baily
　Hoenninghausii Br.
　marginata Daws.
　Harttii Daws.
　pilosa Daws.
　obtusiloba Goepp.
　curtiloba Daws.
Hymenophyllites Gersdorfii Gp.
　subfurcatus Daws.
Pecopteris discrepans Daws. (P. lon-
　tica Br.?)
　ingens Daws.
　obscura Lesq.?
— serrulata Daws.
　pretiosa Hartt.
　Perleyi Daws.

Selaginea.

Lycopodites Matthewi Daws.
Lepidodendron Veltheimianum Stb.
　commutatum Schpr.
　Wükianum Hr.
　Carneggianum Hr.
Lepidophyllum Roemeri Hr.
　— obtusum Hr.
Cyclostigma Kiltorkensis Hght.
— — minutum Hght.
Knorria imbricata Stbg.
　acicularis Gp.
Halonia tuberculosa Br.?
Sigillaria palpebra Daws.
Stigmaria ficoides Stbg.
Psilophyton elegans Daws.
— ? glabrum Daws.
Cordaites Robbii Daws.
— — angustifolius Daws.

Cycadeae ?

Noeggerathia (?) Franklini Hr.
　M'Clintocki Hr.
　polaris Hr.

Coniferae.

Pinus Bathursti Hr.
Thuites Parryanus Hr.

Verzeichniss der Pflanzen der Ursa-Stufe.	Devon.	Ursa-Stufe.				Berg-kalk	Culm	Mittel-Carbon.
		Bären-Insel.	Vogesen, Schwarz-wald, Aachen.	Irland	St. John.	Pacey-Insels			
Dadoxylon Vegesiacum Ung.		?						
ambiguum Endl		?						
onatrymbianum Daws								
Incertae Sedis								
Cardiocarpum punctulatum Gp.		c			—			
acutum Hr.		b						
ovulare Hr.								
ornatum Daws								
obliquum Daws								
Grancii Hartt								
Baileyi Daws								
Trigonocarpum racemosum Daws		—						
Antholithes devonicus Daws								

Die uns bis jetzt bekannte Flora der Ursa-Stufe umfasst demnach 76 Arten, von denen sie 3 mit dem Devon theilt und 7 mit dem Mittel-Carbon; von erstern ist aber eine, von letztern sind drei Arten nach ihrer Bestimmung oder der geologischen Stellung ihrer Fundorte noch zweifelhaft. Mit dem Ober-Carbon (dem Perm oder Dyas) hat die Ursa-Stufe keine einzige sicher bestimmte Art gemeinsam. Mit dem Bergkalk theilt sie 13 und mit dem Culm 12, mit beiden zusammen 18 Arten. Darunter sind gerade die häufigsten Arten, welche als eigentliche Leitpflanzen zu betrachten sind. Als eine die Ursa-Stufe charakterisirende Gattung haben wir Cyclostigma zu nennen.

II. FLORA DES BERGKALKS.

Der Bergkalk ist eine marine Bildung und scheint zum Theil aus Corallenriffen entstanden zu sein. Stellenweise sind aber auch Sandsteine und Schiefer, auch wohl wenig mächtige Kohlenlager in denselben gelagert, und in diesen kommen hier und da Landpflanzen vor, welche auf eine Strandbildung hinweisen. Auch diese Kohlenlager sind sehr wahrscheinlich nicht im Meer entstanden, sondern in am Meere gelegenen Niederungen, die zeitweise vom Meer überschwemmt wurden.

Goeppert hat in seinem sehr verdienstlichen Werke über die Flora der silurischen, der devonischen und untern Kohlenformation *) 32 Arten aus dem Bergkalk und den zu diesem gezogenen Schiefern Schlesiens beschrieben; unter diesen erblicken wir 8 Arten der Bären Insel. Es zeichnet sich die schlesische Bergkalkformation besonders durch seinen Reichthum an feinblättrigen Farnkräutern aus.

In *Sachsen* gehört das Kohlenbecken von Hainichen und Ebersdorf nach den Lagerungsverhältnissen einem ältern Horizont an, als die Zwickauer Kohlenformation, wie diess

Naumann aus der discordanten Lagerung nachgewiesen hat *). Marine Petrefakten fehlen, dagegen hat Prof. Geinitz **) aus den Pflanzen, welche die Sandsteine und Schieferthonfelsen enthalten, geschlossen, dass sie dem Bergkalk gleichzeitige Bildungen seien. Er hat 16 Arten beschrieben, von welchen sechs mit solchen der Bären Insel übereinkommen. Sie zeigen, dass diese Flora allerdings zum Unter-Carbon gehören müsse, wogegen es zweifelhaft bleibt, zu welcher der drei Stuffen sie zu bringen sei.

In *Schottland* ist der Bergkalk sehr verbreitet und häufig von Sandsteinen und Kohlenschiefern, hier und da auch von dünnen Kohlenlagern begleitet. Sie enthalten an manchen Stellen Pflanzen, die aber zur Zeit noch nicht mit der nöthigen Sorgfalt bearbeitet sind. Die reichste Fundstätte ist in dem Kalk und Schiefer vom Bonydie House, in der Nähe von Edinburg. Hier wurden schöne Exemplare der Palaeopteris hibernica Forb. sp. (Adiantites lindseformis Bunb.) gefunden, ferner Calamiten, Lepidodendren und Farn, welche grossentheils als Arten des Mittel-Carbons angeführt werden ***).

In *Russland* reicht die Steinkohlenformation bis zum Weissen Meer und der Tschekaja Bucht hinauf und steht hier derjenigen der Bären Insel räumlich am nächsten. Die sämmtlichen Steinkohlenlager Russlands, welche bis jetzt aufgeschlossen sind, gehören wahrscheinlich dem Unter-Carbon an †) und fallen theils in das Gebiet des Bergkalkes selbst, theils in das der ihn umgebenden Schiefer und Sandsteine. Doch ist die Flora dieses weiten Gebietes noch zu wenig bekannt, als dass man jetzt schon die verschiedenen Stuffen des Unter-Carbon nachweisen könnte. Wir müssen uns vor der Hand mit der Angabe begnügen, dass dieses Unter-Carbon Russlands fünf Arten mit der Bären Insel theilt.

III. FLORA DES CULM.

Auf den Kohlenkalk folgen in Devonshire sehr grobkieselige Schiefer, mit Flötzen harter, magerer Kohle, die man mit dem Namen der *Culm-schichten* (Culmiferous beds) belegt hat; welchen man später auf die jüngere Grauwacke des Harzes und Schlesiens übertrug. In einigen Theilen Englands werden Sandsteine und Schiefer desselben Alters als *Millstone grit* bezeichnet, welchen Namen Dana ††) für die ganze Abtheilung verwendet hat. Der Millstone grit oder Culm ist daher jünger als der Bergkalk und ich fasse diesen Namen nur in diesem beschränkten Sinn, während manche ihn neuerdings auf das ganze Unter-Carbon angewendet haben.

Es enthält derselbe in Devonshire und auch in Irland grosse Massen einer Posidonomya (P. Becheri Bronn), welche auch in den Grauwacken und Schiefern des Harzes, Schlesiens und Mährens auftritt, die davon den Namen der Posidonomyen-Schiefer erhielten. Die Fora dieser Grauwacke und Schiefer ist in Deutschland an verschiedenen Stellen beobachtet worden.

*) Vgl. Naumann, Lehrbuch der Geognosie 1862 II, S. 550.
**) Geinitz: Darstellung der Flora des Hainichen-Ebersdorfer und des Flöhaer Kohlenbassins. Leipzig 1854. — Das Flöhaer Kohlenbecken gehört zum Mittel-Carbon, seine Flora muss daher von derjenigen des Unter-Carbon ausgeschlossen werden.
***) Vgl. Memoirs of the Geolog. Survey of Great-Britain. The Geology of the Neighbourhood of Edinburgh. London 1861, p. 145.
†) Vgl. Geinitz die Steinkohlen Deutschlands und anderer Länder Europas p. 320.
††) Dana manuel of Geology p. 394.

Im *Harz* wurde sie von Fr. A. Roemer sorgfältig gesammelt und bearbeitet [*]). Sie hat hier 29 Arten ergeben, unter welchen die Lepidodendren mit 12 Arten dominiren, von denen freilich mehrere auf zu kleine und unvollständige Bruchstücke gegründet wurden. Häufig sind die Knorrien und Calamiten. Es theilt diese Flora mit der Bären Insel fünf Arten.

Aus der *jüngern schlesischen Grauwacke* hat Goeppert 31 Arten beschrieben [**]), von denen sich fünf unter den Pflanzen der Bären Insel finden. Die Calamiten, Lepidodendren und Knorrien sind die häufigsten Pflanzen. Sechs Arten reichen bis ins Mittel-Carbon hinauf.

An die schlesische Grauwacke schliessen sich die Thonschiefer und Grauwackengebirge von *Oesterreichisch-Schlesien und Mähren* an. Man bringt sie zu den Posidonomyenschiefern, da sie mehrere für diese bezeichnende Thierversteinerungen geliefert haben (die Posidonomya Becheri, Goniatites mixolobus Phil., G. crenistria, Orthoceras striolatum H. v. M. und Pecten grandaevus). Die Pflanzen, welche sie umschliessen, bestätigen diese Altersbestimmung. Es hat K. von Ettingshausen 33 Arten beschrieben [***]). Die Lepidodendren sind sehr selten, häufig dagegen der Calamites radiatus in seinen verschiedenen Formen, und die Farn. Unter diesen erblicken wir zahlreiche feinblättrige Sphenopteriden, aber auch die beiden Cardiopteris-Arten der Bären Insel, wogegen die Pecopteriden fehlen. Mit der Bären Insel theilt diese Flora fünf Arten, mit dem Mittel-Carbon aber 12.

Stellen wir die Pflanzen der verschiedenen Fundstätten des Culm zusammen, finden wir in jeder eine Zahl eigenthümlicher Formen, wohl aber nur weil uns die Flora desselben noch sehr unvollständig bekannt ist, daneben aber doch manche gemeinsame Arten, welche durchschnittlich zu den häufigsten und daher wichtigsten Pflanzen der Lokalität gehören. Es sind diess grossentheils Arten, welche zugleich auch im Bergkalk und der Ursa-Stufe vorkommen, somit als Leit-Pflanzen für das Unter-Carbon bezeichnet werden können. Es sind diess der Calamites radiatus, die beiden Cardiopteris-Arten, Lepidodendron Veltheimianum und Knorria imbricata. Was die Culm-Flora gegenüber derjenigen der Ursa-Stufe auszeichnet, ist dass in derselben die Zahl der mit dem Mittel-Carbon gemeinsamen Arten grösser geworden ist und darunter Arten erscheinen, welche in dieser Formation eine sehr grosse Verbreitung haben, so die Neuropteris Loshii und Calamites

---

[*]) Vgl. Roemer in den Palaeontographicis III, IX, XIII.
[**]) Nova acta acad. Leop. Carol. 1852 und 1860.
[***]) Vgl. K. von Ettingshausen: die fossile Flora des mährisch-schlesischen Dachschiefers. Denkschriften der Wiener Akademie 1865. Ich habe fünf Arten abgezogen, deren Artrechte mir sehr zweifelhaft schienen, wie diess im speciellen Theil näher begründet ist. Ueberhaupt bemerke ich, dass die Zahlenangaben der verschiedenen Floren sich durchgehends auf Arten beziehen, die ich entworfen habe und bei welchen ich die nöthige Revision und Reduktion der Arten vorgenommen habe, daher meine Zahlen keineswegs immer mit den Zahlen der betreffenden Autoren übereinstimmen.

Ettingshausen hat mehrere Farn auf lebende Gattungen bezogen, doch kann ich ihm hierin nicht beistimmen. Pflanzen und Thiere, die einen so fernen Weltalter angehören, können nur dann jetzt lebenden Gattungen eingereiht werden, wenn sehr wesentliche übereinstimmende Merkmale nachgewiesen werden können. Wie misslich über die Einreihung in lebende Gattungen ist, zeigt die Palaeopteris hibernica, welche Ettingshausen (l. c. p. 8) mit den verwandten Arten zu Adiantum stellt; nun zeigen aber die Fruchtwedel, welche schon Baily (geolog. survey of Ireland 1861, p. 11, Fig. 1 c) und neuerdings Schimper (Paleont. veget. II. 36) abgebildet haben, dass diese Farn von Adiantum gänzlich verschieden sind und einen ganz eigenthümlichen, der Jetztwelt fremden Pflanzentypus darstellen.

Suckovii (im mährischen Dachschiefer). Auch die jüngste Grauwacke, welche den Uebergang zum Mittel-Carbon bildet, unterscheidet sich indessen von diesem durch den Charakter ihrer Flora. Wie im ganzen Unter-Carbon Europas fehlen unter den Farnkräutern die Pecopteriden, oder sind doch sehr selten, dagegen treten Cyclopteris-artige Formen und feinblättrige Sphenopteriden häufig auf und bezeichnen die Farn-Flora dieser Zeit. Im Mittel-Carbon dagegen sind die Gattungen Neuropteris und Pecopteris (mit Einschluss von Cyatheites und Alethopteris) in einer Fülle von Arten entfaltet und treten überall massenhaft auf. Die Lepidodendren sind im Unter- und Mittel-Carbon verbreitet, doch in ersterem relativ noch häufiger, während die Sigillarien, welche im Mittel-Carbon eine so äusserst wichtige Rolle spielen, im Unter-Carbon fast ganz fehlen *). Es muss daher in der That die gesammte Flora während der unter-carbonischen Zeit ein anderes Aussehen gehabt haben, obwol sie aus denselben Familien und grossentheils auch aus denselben Gattungen bestand, wie im Mittel-Carbon.

RÜCKBLICK.

Ueberblicken wir nochmals die unter-carbonischen Ablagerungen der Bären Insel, werden wir eine auffallende Aehnlichkeit mit den gleichzeitigen Bildungen Europas, besonders von Südwest-Irland, nicht verkennen können. Wir können sie in folgender Weise zusammenstellen:

	Bären Insel.	Irland	Anderwärts.
Culm-Stoffe.	Kieselschiefer-Lager.	Posidonomyen-schiefer und Kohlen.	Obere Grauwacke und Posidon-Schiefer des Harz, Schlesiens, Mährens. Millstone grit.
Bergkalk-Stoffe.	Produkten- und Spiriferkalk	Kalklager mit Productus und Spirifer.	Bergkalk und Schiefer Schlesiens. Hainichen Ebersdorf. Esashie Hayer. Artinks und Petrewskaja in Russland. Bergkalk der Parryinseln. Spitzbergen.
Ursa-Stoffe.	Cyathophyllum-kalk.	Kohlenschiefer mit Cyathophyllen.	Barnstaple. Vermculit-Schiefer Aachens.
	Sandstein und Schiefer mit den Pflanzen.	Gelber Sandstein mit den Pflanzen.	Grauwacke der Vogesen und des südlichen Schwarzwaldes St. John in Canada. Katskill und Chemung? Marwood Pflanzenbett?
Zweifelhaft.	Russenluschkalk	Oberes Old Red.	
Devon.	Rother Schiefer.	Old Red.	Cypridinen-Schiefer von Saalfeld Petherwyn.

*) Die Sigillaria Colmiana Roemer (Palaeontogr. IX. Taf. IV. 2) gehört eher zu Cyclostigma als zu Sigillaria. Ebenso ist die Sigillaria minutissima Goepp. sehr zweifelhaft, wie die von Eichwald aus dem Kohlen-

Auf der Bären Insel, wie in Spitzbergen, fehlt das Mittel-Carbon, es dürften aber die Kieselschiefer, welche in der obern Abtheilung des Bergkalkes stark entwickelt sind, dem Culm entsprechen, was freilich erst sicher festgestellt werden kann, wenn einmal die vielen marinen Versteinerungen, welche die schwedischen Expeditionen aus dem Bergkalk nach Stockholm gebracht haben, genauer bestimmt sein werden. Dann wird sich auch herausstellen, ob meine Vermuthung richtig ist, dass der Cyathophyllum-kalk dem Kohlenschiefer Irlands entspreche, und es wird sich dann zeigen, ob dasselbe Verhältniss zwischen seinen Versteinerungen und denen Irlands stattfinde, wie wir diess für das Pflanzenbett nachgewiesen haben. Wenn auch gegenwärtig noch manches zweifelhaft bleibt, so ersehen wir doch schon aus den jetzt sicher festgestellten Thatsachen, dass in Süd-Irland, wie auf der weit entfernten Bären Insel, im hohen Norden und in Mittel-Europa in der Bildung der Felsen, wie der Pflanzen und Thiere, welche sie einschliessen, eine auffallend gleichartige Entwicklung statt fand. Es ist daher die Flora der Ursa Stuffe für die Geschichte der Erde von grosser Bedeutung, wie sich uns noch deutlicher ergeben wird, wenn wir einen Blick auf die Stellung werfen, welche sie im Entwicklungsgang der Erde einnimmt.

Aus dem Silur und Unter-Devon sind nur marine Thiere und Pflanzen bekannt[*], erst im Mittel- und Ober-Devon tauchen Landpflanzen auf, welche uns Festland verkünden. Doch sind zur Zeit erst wenige Stellen bekannt, die als devonische Inseln bezeichnet werden können, und nur die dem obersten Devon angehörende Gegend von Saalfeld in Thüringen hat eine ziemlich ansehnliche Zahl von Pflanzen geliefert, die freilich meist nur in kleinen Fetzen sich erhalten haben, welche vielleicht in allzu viele Arten zerlegt worden sind. Gegen das Ende der devonischen Periode nimmt das Festland auf der nördlichen Hemisphaere sehr zu, es war eine Zeit der Hebung des Seebodens. Mit dieser grössern Festlandbildung beginnt eine neue Zeitepoche, die der Steinkohlen (des Carbon). Die erste Abtheilung derselben haben wir als Ursa-Stuffe bezeichnet; mit ihr tritt die erste reichere Landflora auf, welche uns die Mittel an die Hand giebt, uns ein Bild von dem Aussehen der Pflanzenwelt aus dieser Frühzeit der Erde zu verschaffen. Es kann diese Flora auf der nördlichen Hemisphaere in der neuen und alten Welt vom 47° bis zum 74° und 76° n. Br. nachgewiesen werden, und überall zeigt sie uns denselben Charakter; überall tritt der Calamites radiatus auf, welcher wohl die morastigen Niederungen mit seinen langen, säulengleichen Stämmen bekleidete, während seine grossen Rhizome die Torfgründe durchzogen, überall die gablig verzweigten und dicht mit Blättern beschuppten Lepidodendren und die sonderbaren Knorrien. Aber auch die Cyclostigmen, die wir aus Süd-Irland und der Bären Insel kennen gelernt haben, fehlten kaum auf den dazwischen

Kalk Russlands angeführten Arten (cf. Schimper Paleont II, 185). Die Sigillaria palpebra Daws. wurde nur an einem kleinen Fragment gefunden (only a cast and very imperfekt sagt Dawson. Acad. Geolog. p. 536) und ist daher noch nicht gesichert. Die Sigillaria Hausmanni Goepp. aus einem Quarzgestein zwischen Röhr und Sarna in Norwegen ist nach Schimpers Ansicht, dem ich beistimmen muss, wahrscheinlich gar nicht organischer Natur. Er sah in Grönlandgstalten ganz ähnliche krystallinische Schiefer, die auf gleiche Weise und ganz regelmässig cannelirt waren.

[†]) Das Eophyton von Torell und Linnarsson scheint mir auch sehr zweifelhafter Natur zu sein. Es sind nur Abdrücke vorhanden, ohne organische Substanz, und diese sind von so ungewöhnlicher und unbestimmter Form, dass der allerdings regelmässige Streifung kaum berechtigt sie für Pflanzen-stengel zu halten. Es scheinen eher durch Wellenschlag veranlasste Gebilde zu sein.

liegenden Festlandbildungen und nahmen Theil an der Bildung des Waldes, in dessen Schatten die Cardiopteris- und Palaeopteris-Arten ihre mächtigen Wedel ausbreiteten. Es tritt diese Flora schon in einer so beträchtlichen Zahl von Arten auf und manche derselben erscheinen in so weit auseinander liegenden Gegenden, dass sie auf ein ausgedehntes Festland schliessen lassen, das sowol in der gemässigten, wie in der arctischen Zone lag. Das ausgedehnte Steinkohlenland Russlands reichte vielleicht bis zu der Bären Insel hinauf und ihre Pflanzenwelt bildet dann den nördlichsten Ausläufer der russischen unter-carbonischen Flora. Dass die Ursa-Stoffe Festland von einer gewissen Ausdehnung gehabt haben muss, beweisen auch die Süsswasserthiere, die grossen Teichmuscheln und die Neuropteren, welche nur in einem Lande leben konnten, das gross genug war um Seen und Flüsse zu erzeugen.

Wie lange diese Zeit gedauert hat, ist nicht zu bestimmen, dann begann aber wieder ein Sinken des Landes; es treten Brackwasserbildungen und später reine marine Ablagerungen auf. Die Kohlenschiefer und der Bergkalk decken das frühere Festland mit seinen Pflanzeneinschlüssen zu. Die grosse Verbreitung des Bergkalkes über viele Theile Europas und Nordamerikas und die kleine Zahl von Festlandbildungen, die er einschliesst, zeigt uns, dass diese Senkung des Landes eine allgemeine Erscheinung gewesen sein muss. Die nördliche Hemisphaere hat daher sehr wahrscheinlich damals ein ganz anderes Aussehen gehabt, als während der Ursa-Stoffe.

Dann wiederholt sich aber wieder dieselbe Erscheinung wie bei Beginn der carbonischen Periode. Wir erhalten in Folge einer weit verbreiteten Hebung die Festlandbildungen des Culm, welche dann später im Mittel-Carbon die grösste Ausdehnung und Entwicklung bekommen haben. Wir haben gesehen, dass die Flora im grossen Ganzen während dieses so langen Zeitraumes dieselbe geblieben ist. Manche der dominirenden Arten haben diesen Wandel der Zeiten überdauert und sagen uns, dass auch zur Zeit der Bergkalkbildung niemals alles Land unter Wasser gewesen sein kann, dass immer noch genugsam Festland übrig geblieben, um diese Pflanzen-Arten zu erhalten, die dann, als im Culm das Land aufs Neue an Umfang zunahm, auch wieder mehr sich ausgebreitet haben werden. Es kann keinem Zweifel unterliegen, dass von Beginn der Ursa-Stoffe bis zum Culm eine lange Zeit verstrichen ist, ebenso dass während diesen vielen Jahrtausenden die Lebensbedingungen organischer Wesen sich vielfach geändert haben werden. Es ist daher gewiss eine beachtungswerthe Thatsache, dass dessenungeachtet so viele Arten diese Zeit überdauert haben, ohne irgend eine wahrnehmbare Aenderung zu erfahren. Alle die mannigfaltigen Formen, in welchen der Calamites radiatus auf der Bären Insel erscheint, finden sich noch in dem jüngsten Glied des Unter Carbon, in dem Dachschiefer Mährens, dann aber erlischt er, ohne dass eine ähnliche Form diesen Typus im Mittel-Carbon fortsetzt, und ähnlich verhält es sich mit den Knorrien, den Cardiopteris- und Palaeopteris-Arten. Es sind diess Thatsachen, welche entschieden gegen die immerfort unmerklich fortgehende Transmutation der Pflanzen-Arten sprechen und welche die Anhänger dieser Lehre nicht ignoriren sollten. Sie sind um so wichtiger, da offenbar die Pflanzen auf der Bären Insel unter anderen Lichtverhältnissen lebten als die der Vogesen oder Irlands, indem sie eine lange Winternacht zu bestehen hatten. Es ist in der That auffallend, dass immergrüne Bäume, wie diess doch wahrscheinlich die Lepidodendren gewesen sind, und

Pflanzen mit so grossen Blättern, wie die Cardiopteris frondosa, eine so lange Winternacht ausgehalten haben, auch wenn wir dabei in Betracht ziehen, dass die Bären Insel-Flora fast aus lauter Gefässkryptogamen bestand *), welche das Licht leichter und länger entbehren konnten, als die Phanerogamen. Im Uebrigen ist das Klima auf der Bären Insel für den Pflanzenwuchs wohl ebenso günstig gewesen, wie in Irland und in den Vogesen, obwol jene Insel um 26!° höher im Norden liegt, denn die entsprechenden Arten sind ebenso gross und ebenso üppig entwickelt und haben sogar ein mächtigeres Steinkohlenlager erzeugt, als die gleichalterigen tieferen Breiten **). Die Wärme war daher damals wohl noch gleichmässig über die Erde vertheilt, während schon zur miocenen Zeit ein wesentlicher Unterschied bestand, der in der Jetztwelt noch viel grösser geworden ist.

Zu demselben Resultat führt uns auch eine Vergleichung der Thierwelt des Meeres, welches die Bären Insel umspült hat. Der Productus giganteus, Pr. striatus, punctatus und hemisphaericus, die wir im Bergkalk der Bären Insel kennen gelernt haben, sind fast überall im Bergkalk gefunden worden und entsprechen in ihrer Verbreitung ganz der Knorria imbricata, dem Lepidodendron Veltheimianum und Calamites radiatus. Ja zwei Mollusken aus dem Bergkalk Spitzbergens (Spirifer Keilhauii und Productus costatus) wurden sogar in Indien, eine Art aber (Productus Humboldti) in Südamerika nachgewiesen, so dass arctische Arten bis in die Tropenwelt hineinreichen ***). Dass aber das Klima nicht allein ein gleichmässiges, sondern zugleich ein warmes war, dürften die Korallenbänke beweisen, welche damals in Spitzbergen gebildet wurden, ebenso aber auch die grossen baumartigen Gefässkryptogamen und die grossblättrigen Farnkräuter, welche die Bären Insel erzeugt hat.

---

*) Nur die beiden Carpolithen gehören wahrscheinlich zu den Phanerogamen.
**) Im gelben Sandstein Irlands kommen nur ganz dünne Kohlenlager vor, die aber in der unmittelbaren Nachbarschaft der Pflanzen auftreten (vgl. Griffith im Journ. of the geol. soc. of Dublin VI. p. 240). Auch in den Vogesen, wie überhaupt im ganzen Unter-Carbon finden sich nirgends mächtige Steinkohlenlager. Diese beginnen erst im Mittel-Carbon, das daher als die Bildungszeit der produktiven Steinkohlen bezeichnet wird.
***) Vgl. meine fossile Flora der Polarländer I. S. 51.

II. DIE BERGKALKFORMATION AUF DER BÄREN INSEL UND SPITZBERGEN

von A. E. Nordenskiöld.

In den letzten fünfzig Jahren haben mehrere arktische Expeditionen von Spitzbergen und der Bären Insel Bergkalk-Versteinerungen mitgebracht und mehr oder weniger umfassende Beiträge zu der Kenntniss der Formation geliefert, nämlich:

Sir Edward Parry 1827. Als Parry während dieser Polarexpedition seinen berühmten Versuch anstellte, über die weit ausgedehnten Eisfelder des Polarbeckens zu Fuss nach dem Pole vorzudringen, untersuchte einer der Theilnehmer der Expedition, Lieutenant Foster, in geographischer und, so weit geschehen konnte, in geognostischer Hinsicht die nächsten Umgebungen des Ankerplatzes des Fahrzeuges, ein Hafen in der Treurenberg Bai. Eine Bootfahrt wurde ebenfalls in das Innere der Hinlopenstrasse vorgenommen, bei welcher verschiedene Fragmente von Versteinerungen in den am Cap Fanshawe anstehenden untersten Lagern der Bergkalkformation angetroffen wurden. Diese sind, wenn auch nur ganz im Vorbeigehen, in dem von Ross d. J. redigirten, wissenschaftlichen Anhange zu der Beschreibung der Reise [*]) erwähnt.

B. M. Keilhau 1827. In demselben Jahre wurden die Bären Insel und Spitzbergen besucht von dem späterhin so berühmten norwegischen Geologen Keilhau. Auch er sammelte besonders auf der Bären Insel Versteinerungen (darunter auch einen Pflanzenabdruck) ein, welche den Anforderungen der Wissenschaft gemäss von L. v. Buch beschrieben wurden [**]).

Sven Lovén 1837. Eine bedeutend grössere, jetzt an das Stockholmer Reichsmuseum abgegebene, doch bisher noch unbeschriebene Sammlung wurde zehn Jahre später von dem Professor Sv. Lovén von Green Harbour im Eisfiord mitgebracht.

Die französische Expedition auf la Recherche 1838. M. E. Robert nahm als Geolog an dieser Expedition Theil und brachte von Bel Sound verschiedene Versteinerungen mit, welche späterhin beschrieben und, wenn auch sehr unvollständig, abgebildet worden sind, theils in dem über die Expedition herausgegebenen grossen Prachtwerke [***]), theils von

---

[*]) Narrative of an attempt to reach the North Pole in the year 1827 under the Command of Captain William Edward Parry. London 1828. Appendix.
[**]) L. v. Buch: *Species Kohlen* und dessen Fundort. Abhandlungen der Königl. Academie der Wissenschaften zu Berlin 1846, S. 65.
[***]) Voyages en Scandinavie, en Laponie, au Spitsberg & au Feroe sur la Corvette la Recherche &c. logie Minéralogie & Métallurgie par M. E. Robert. Livraison I. p. 87, 26 o. p. 125.

v. Koningk*), von welchem die Versteinerungen mit Unrecht zu der Permischen Formation gerechnet wurden.

Lamont 1858 und 1859. James Lamont**) besuchte in den Jahren 1858 und 1859 um Jagd und Fang anzustellen verschiedene Orte an den Küsten von Spitzbergen und widmete sich während seiner zweiten Reise auch der Einsammlung geologischer Stufen und Versteinerungen. Seine Sammlungen (besonders von Bel Sound), bedeutend übertreffend was sowohl Robert, als auch Keilhau und Parry eingesammelt hatten, sind von Salter beschrieben worden.

Die schwedischen Expeditionen 1858, 1861, 1864 und 1868. Die sämmtlichen schwedischen Expeditionen beschäftigten sich mit der Erforschung der so ausserordentlich interessanten Geologie des Landes, und fast ausschliesslich auf ihre Untersuchungen†) gründet sich der nachfolgende Bericht über die in diesen Gegenden so mächtig auftretende Bergkalkformation. Leider ist gleichwohl das reiche Material der von uns von einer Menge verschiedener Fundorte mitgebrachten Fossilien noch unbearbeitet, wodurch die Bestimmung des relativen Alters der verschiedenen Schichten sehr erschwert worden ist.

In den im Norden von Europa belegenen Theile der Polarländer tritt die Kohlenformation oder richtiger die unterste Abtheilung derselben, d. h. der Bergkalk, an vielen Orten mit ungeheuer mächtigen, gewöhnlich marinen und an Versteinerungen reichen Lagern auf. Diese ruhen, wie die Profile, Fig. 1 Taf. XV, von der Ekman Bai und die früher von mir publicirten Profile der Klaas Billen Bai im Eisfiord darlegen, auf rothen und grünen Schieferarten und Conglomeraten, in denen wir nur an einem einzigen Orte Spuren von Versteinerungen (Fischüberresten) gefunden haben ††), die zwar noch nicht vollständig untersucht sind, aber doch zu beweisen scheinen, dass auch die rothe Schieferformation Spitzbergens in der devonischen Periode abgelagert worden ist. In dem Innern des Eisfiordes dagegen sind die productusführenden Bergkalkschichten überlagert theils von Schichten, die der Triasperiode angehören, theils von dem auf Spitzbergen in regelmässigen Schichten so häufig auftretenden eruptiv-sedimentären Hyperit.

In der Bergkalkformation selbst lassen sich folgende Abtheilungen unterscheiden:

1. *Ein grosszelliger Kalk oder richtiger Dolomit*, der gemäss einer in meinem Laboratorium von G. Lindström ausgeführter Analyse enthält:

---

*) v. Koningk: Bulletin de l'Académie Royale de Belgique. T. XIII (N:r 6), T. XVI (N:r 27).
**) Seasons with the Seahorses, by James Lamont. London 1861. Appendix.
†) C. W. Blomstrand: Geognostiska iakttagelser under en resa till Spetsbergen år 1861. Kongl. Svenska Vetenskaps-Akademiens Handlingar IV, N:o 6.
  A. E. Nordenskiöld: Geografisk och geognostisk beskrifning öfver nordöstra delen af Spetsbergen och Hinlopen-Strait. Kongl. Sv. Vet.-Akad. Handl. IV. N:o 7. Utkast till Spetsbergens Geologi. Bd. VI, N:o 7; auch besonders abgedruckt in englischer Übersetzung unter dem Titel: Sketch of the Geology of Spitzbergen, by A. E. Nordenskiöld. Stockholm 1867.
††) Diese wurden während der Expedition des Jahres 1868 von Malmgren in Lieflé Bai angetroffen.

Kohlensaure Kalkerde *)	54,07
Kohlensaure Talkerde	44,57
Kohlensaures Eisenoxydul	0,32
Chlor	Spur
Feuerfeste unlösbare Bestandtheile	0,21
	99,16.

In Ermangelung eines anderen Namens ist diese höchst eigenthümliche Bildung von uns Ryssö-kalk benannt worden nach den Russen-Inseln (Ryssöarne) in Hinlopen Strait, wo dieselbe in mächtigen Schichten vorkommt. Sie ist nämlich nicht fossilführend und besteht fast ausschliesslich aus einem unreinen, gelben, undeutlich oder fast gar nicht geschichteten Kalk von so eigenthümlicher korallenartiger Struktur, dass man dieselbe bei dem ersten Anblick als in allen Richtungen von Korallenstämmen durchkreuzt halten möchte, was jedoch nicht der Fall sey dürfte. Der Kalk zerfällt leicht und giebt den unfruchtbarsten Landstrichen in Spitzbergen das Dasein, und seine ehemals wahrscheinlich sehr weit ausgebreiteten, jetzt aber von den stürmischen Wellen der Hinlopen Strait immer mehr und mehr verzehrten Lager, bilden daher keine steilen und scharfkantigen Berge. Das ausgedehnte Tiefland am Shoal Point, die Inseln in der Murchison Bai, die breite Landzunge zwischen der Murchison und Wahlenberg Bai, auf welcher der Russen-Inseln-Kalk einen recht hohen, an den Seiten ganz abgerundeten Gebirgskamm bildet, sowie endlich der Treibholz-Strand und ein unbedeutender Theil des nordwestlichen Gestades der Klaus Billen Bai sind gleichwohl fortwährend von hierher gehörenden Lagern gebildet. In dem Kalk selbst kann man kaum eine Schichtung unterscheiden, und es würde daher mit grossen Schwierigkeiten verbunden sein, die Lagerungsverhältnisse desselben zu bestimmen, wenn nicht die einförmige Kalkbildung dann und wann unterbrochen würde von unbedeutend mächtigen Lagern kieselhaltiger Bergarten, deren zu Tage vorstehende harte und feste Kämme mehreren der sogenannten Russen-Inseln in der Murchison Bai den nöthigen Schutz gegen das andrängende Meer gegeben haben dürften.

Das Gestein in diesen härteren Schichten ist von dreierlei verschiedener Art: 1. Ein dichter, ganz homogener, schwarzer oder dunkelbrauner Hornstein oder Kieselschiefer (90 proc. SiO), worin ebenfalls keine Spuren von Versteinerungen anzutreffen waren, der aber grosse Aehnlichkeit hat mit verschiedenen theils fossilfreien, theils fossilführenden Lagern auf den Axel-Inseln vor der Mündung der van Mijen Bai. 2. Eine Mischung von Hornstein und Kalk. Der Hornstein bildet hier theils kugelförmige Concretionen, theils ein Gewebe von oft mannigfach gefalteten und gebogenen, ¼ Zoll dicken Cylindern, de-

*) Analyser af bergarter från Spetsbergen af G. Lindström. Öfversigt af Kongl. Vetenskaps-Akademiens Förhandlingar 1867, s. 674.
Ein grauer, weissgeaderter Dolomit von ganz anderem Aussehen aus den unterliegenden, vermuthlich silurischen, Lagern bei Hecla Hook hat fast genau dieselbe chemische Zusammensetzung. Landström's Analyse gab nämlich für dieses Gestein:

Kohlensaurer Kalk	53,88
Kohlensaure Talkerde	44,99
Kohlensaures Eisenoxydul	0,48
Feuerfester Rückstand nach der Lösung	1,49
Chlor	Spur
	100,24.

Den Analysen entspricht beinahe vollständig die Formel $Ca C + Mg C$

ren Zwischenräume mit grauem Kalk angefüllt sind, und in denen oft kleine mit Quarz-
krystallen bedeckte Drusenhöhlen angetroffen werden. Diese Cylinder haben eine auffallende
Aehnlichkeit mit Korallenstämmen, und eine nähere microskopische Untersuchung dürfte
vielleicht zeigen, dass diese Lager Ueberreste von alten Korallenkolonien sind. 3. Ein
weisser oder weissgelber Quarzit, ähnlich dem Quarzit vom Hecla Hook. Alle diese Schichten stehen bei den Russen-Inseln beinahe aufrecht und streichen von Norden gegen Süden,
am Treibholzstrande dagegen streichen sie, gleich den unterliegenden Hecla Hook-Lagern,
von Nordnordwest gegen Südsüdost und fallen ungefähr 60° gegen Osten ab.

II. *Ein harter weisser Quarzit ähnlicher Sandstein, zwischengelagert von Kohlen-Säumen
und Thonschiefer.* Das Profil 2 stellt einen Durchschnitt der hierher gehörigen Lager an
der Mündung des englischen Flusses am nördlichen Gestade der Bären Insel dar. Man
hat hier:

1 (zu unterst). Sandstein mit ausserordentlich schönen Merkmalen von alten Wellen-
schlägen. Die unterste Grenze dieser Schichte lag unter dem Niveau des Meeres, daher
liess sich die vermuthlich sehr bedeutende Mächtigkeit derselben nicht bestimmen.

2. Eine dünne unregelmässige, hier und da geknotete Sandsteinschichte mit Kohlen-
säumen; 8 bis 9.2 Fuss.

3. Weisser, harter und dichter Sandstein ohne Pflanzenabdrücke, ungefähr 10 Fuss.

4. Grauer, weniger harter Sandstein, ungefähr 4 Fuss.

5. Sandstein mit Schieferbändern, ungefähr 2 Fuss.

6. Thonschiefer, ungefähr 4 Fuss, mit schönen Pflanzenabdrücken und unregelmässigen Knollen von Thoneisenstein.

7. Kohlen mit Thonschieferbändern und einer Menge von Pflanzenabdrücken; ungefähr 12 Fuss.

8. Sandstein mit Calamiten, theilweise aufrecht stehend und von bedeutender
Grösse, 20 Fuss.

Die Schichte 8 nimmt einen bedeutenden Theil der Ebene gleich im Westen von
dem Fusse des Mount Misery ein, woselbst man Gelegenheit hat alle möglichen Uebergänge zu sehen von einem gleichmässigen, harten und spaltenfreien Sandsteinfels zu einem
Sandsteinfels mit kleinen Rissen und einem Sandsteinfels, unterbrochen von fuss-, ellen-
oder klafterbreiten Spalten bis zu einer Sammlung von kolossalen Felsenblöcken, welche
mit ihren Fugen noch genau in einander passen, und zuletzt zu ausgedehnten, ungeord-
neten und für den Fussgänger äusserst beschwerlichen Steinhaufen zerfallen, gebildet von
kantigen Sandsteinstücken, den Moränen so ähnlich, dass ein moderner Glacialist kaum
Anstand nehmen würde, dieselben für Zeugen der grossen Eisdecke zu erklären, welche
nach ihrer Aussage einst den ganzen Nordpol eingehüllt hat.

Ein ähnlicher Sandstein, auf gleiche Weise in moränenartige Steinhaufen übergehend,
kommt auch auf Charles Foreland vor. Diese Abtheilung der Steinkohlenformation scheint
daher auch dort vorzukommen, wenn auch vermuthlich nicht kohlenführend. Ausser-
dem dürften der sog. Sandsteinkamm an dem Cap Staratschin und die aufrechtstehen-
den Schichten im Westen der Axel-Inseln an dem nördlichen Ufer des Bel Sound ebenfalls hieher gehören*). Auch hier scheint die Schichte nicht kohlenführend zu sein. Zu

---

*) Diese Vermuthung wurde durch die Entdeckungen der Herren H. Wolander und A. Nathorst 1870
bestätigt. Sie fanden nämlich Sandstein und Schiefer mit Calamiten und Stigmarien im Innern von Klaas

dieser Abtheilung gehört wahrscheinlich ferner ein rother und weisser Sandstein, welcher die untersten Lager von Cap Fanshawe bildet (ungefähr 3' S.W. von der nördlichen Spitze) und einige unbestimmbare Pflanzenreste enthält. Diese Schichte überlagert den oben erwähnten Dolomit an dem Treibholzstrande, enthält aber ebenfalls keine Kohlenschichte. An den meisten übrigen Stellen auf Spitzbergen, wo die Bergkalkformation zu Tage tritt, ruhen ihr Productus-führender Hornsteinkalk und Gipslager unmittelbar auf dem Russen-Insel-Kalk, und die Abtheilung II fehlt daher gänzlich. Infolge dessen halte ich für wahrscheinlich, dass ein der alten Kohlenformation angehörendes Kohlenflötz auf Spitzbergen nicht vorkommt. Gleichwohl dürfte Charles Foreland und Bel Sound in dieser Hinsicht eine nähere Untersuchung verdienen.

III. *Cyathophyllum-führende Kalk- und Dolomitschichten.* Der oben erwähnte rothe und weisse Sandstein ist am Cap Fanshawe überlagert von einem grauen Kalk mit zahlreichen, doch nicht gut erhaltenen Versteinerungen, kleinen Arten von Terebratula, Crinoidenstielen und Cyathophyllum-stämmen. Derselbe Cyathophyllumkalk kommt ferner vor: am nördlichen Gestade der Klaas Billen Bai, woselbst er den auf dem rothen Schiefer ruhenden Russen-Insel-Kalk überlagert; am Kohlenhafen in der Kings Bai und am nördlichen Ufer der vanMijen Bai.

IV. *Spirifer-kalk.* Ein loser, grauer Kalk, hier und dort zwischengelagert von grauem Gips oder blendend weissen unter den übrigen Schichten perlbandähnlich eingebetteten Gipsknollen. Dieser Kalk ist ausgezeichnet durch einen ausserordentlichen Reichthum an Spiriferartigen Versteinerungen (das Genus Productus ist hier weniger repräsentirt als in der folgenden Abtheilung) von denen wir grosse Massen, die jedoch noch nicht beschrieben sind, mitgebracht haben. Diese Lager treten zu Tage an folgenden Orten:

An dem nördlichen Gestade des Bel Sound, woselbst die hieher gehörenden Lager, die nicht gipsführend zu sein scheinen, eine wenig mächtige Schichte zwischen dem Cyathophyllum-Kalk und dem Hornstein bilden.

Am Gips Hook an dem südlichen, und an den Bergen zu beiden Seiten der Schanzenbucht an dem nördlichen Gestade der Klaas Billen Bai. Die Lager sind hier sehr reich an Gips und theilweise bedeckt von der nächstfolgenden Abtheilung zugehörenden Hornsteinschichten.

An den Bergen an der Mündung der Dickson Bai, sowie an den prachtvollen Bergen zu beiden Seiten der Ekman Bai im Eisfiord. An diesem letzteren Orte ruhen die hieher gehörenden Lager von spirifer-führendem grauen Kalk und Gips fast unmittelbar auf dem zuvor erwähnten rothen devonischen Schiefer. Sie sind auch hier bedeckt von Hornsteinlagern, die der folgenden Abtheilung angehören, und von Hyperit.

An dem Angeline und Lovén-Berge in der Hinloopen Strasse. Die hieher gehörenden Lager werden an dem zuletzt erwähnten Orte durch mächtige Hyperitbänke von den Cyathophyllum-Lagern am Cap Fanshawe getrennt und enthalten überhaupt wenig Gips. Statt dessen trifft man einen losen, oft grüngesprenkelten mit Kalk gemischten Sandstein mit kolossalen Spirifer- und Productus-Arten.

Billen Bai und am Fusse des Gips Hook. Diese Versteinerungen werden ebenfalls Herrn Professor Oswald Heer zum beschreiben übergeben.

Auf der Bären Insel (Fig. 3 und 4). Lose Stücke von einem grauen Sandsteinlager werden hier und dort zerstreut auf der Ebene der Bären Insel angetroffen. Vermuthlich ist dieses Lager, in welchem unter andern Versteinerungen auch der ursprüngliche Spirifer Keilhaui vorkommt, anstehend auf der hohen Bergen an der Südspitze der Insel. Anstehende, an Versteinerungen reiche Kalklager kommen dagegen gleich bei Tobiesens Häuschen am Nord-Hafen vor und ganz besonders am Mount Misery, welcher grösstentheils aus lauter an Versteinerungen reichen, theils dieser und theils der folgenden Abtheilung angehörenden Lagern besteht.

V. *Productus-führender Kalk- und Kieselschiefer.* Eine wirkliche paläontologische Grenze zwischen dieser und der vorhergehenden Abtheilung ist nicht vorhanden. An mehreren Orten auf Spitzbergen kommt diese Productus-Schiefer jedoch so scharf ausgebildet vor, dass ich genöthigt habe dieselbe als eine besondere Unterabtheilung aufnehmen zu müssen, welche besonders ausgezeichnet ist durch Reichthum an Kiesel und dadurch, dass, während Spirifer oder nahestehende Geschlechter den überwiegenden Theil der in IV gefundenen Thierformen bilden, hier dagegen grosse, grobschalige Producti gewöhnlich, wo nicht immer, den ersten Platz einnehmen. Einen schönen vertikalen Durchschnitt dieser Schichten trifft man auf den Axel-Inseln an der Mündung der van Mijen Bai, woselbst die Lager ganz aufrechtstehend sind und meistens aus einem beinahe reinen, dunkelfarbigen Hornstein ähnlichen Kieselschiefer bestehen, der theils fossilfrei theils mehr oder weniger mit dickschaligen Productus- und Spirifer-Arten von mittlerer Grösse, sowie auch mit äusserst unansehnlichen Cephalopoden erfüllt ist. Ähnliche productusführende Lager treten zu Tage zu beiden Seiten der Mündung des Eisfiordes, in den oberen Schichten des Lovens- und Angelin-Berges in Hinlopen Strait, sowie in den höher belegenen Schichten des Mount Misery auf der Bären Insel — hier jedoch weniger kieselreich, ein Umstand, der vielleicht damit in Zusammenhang steht, dass es kein wirkliches Hyperitlager auf der Bären Insel giebt. Der Reichthum an Kiesel in der oberen Abtheilung der Bergkalkformation Spitzbergens ist um so merkwürdiger, als die Kieselschieferbänke augenscheinlich nicht durch eine Metamorphose des Sandsteines entstanden sind. Sie zeigen nämlich niemals eine sandsteinartige Natur und gehen niemals in diese Bergart über, während man dagegen unzählige Uebergänge zwischen kieselfreiem Kalkstein, Kalkstein mit Kieselkörnern, mit Kalk gemischtem Hornstein und reinem, dem unbewaffneten Auge kalkfreiem Kiesel findet. Oft wird der scheinbar homogene Hornstein gleichwohl durch die Einwirkung der Luft rostig und zackig, welches andeutet, dass auch hier leichter auflösbare Stoffe in die Bergart eingesprengt vorhanden sind.

VI. *Hyperit.* Ehe ich diese Notizen über die Ausbreitung der Bergkalkformation auf Spitzbergen und Beeren Eiland abschliesse, muss ich noch mit einigen Worten einer in diesen Gegenden höchst charakteristischen Bergart erwähnen, die gleichsam das oberste Glied der Formation bildet.

Sowohl in den inneren Armen des Eisfiordes als auch in der Hinlopen Strasse sind die Kalk-, Gips- und Hornsteinbänke der Bergkalkformation von mächtigen schwarzen, mit basaltähnlichen Säulen in jähen Absätzen zersprengten Lagern gekrönt, welche, wie verschiedene Namen auf unserer Karte andeuten, den Bergen das Aussehen kolossaler, bis 2000 Fuss hoher Ruinen ertheilen. Mit dem gewöhnlich spiegelblanken, mit Eis bestreuten Fiord an ihrem Fusse und der blendend weissen Schneedecke auf ihrem Scheitel, geben diese Ruinenberge hier Scenerien das Dasein, die in grossartiger, ruhiger Majestät kaum ihres Gleichen haben dürften.

Sowohl dieses schwarze Band an den Gipfeln der Berge als auch die weit vorspringende, oft ganz ebene in regelmässige sechs oder vierseitige Figuren zersprengte[*]), gleichsam parquetirte Landspitze an dem Fuss der Berge rührt her von einer krystallinischen Bergart, die dem äusseren Ansehen nach gewöhnlichem feinkörnigem Hyperit ähnlich ist und aus Labrador, Hyperitem besteht, an einigen Orten gemischt mit Körnern von Titaneisen. Nach älteren geologischen Ansichten müsste diese Bergart rein eruptiv sein, was sich gleichwohl unmöglich vereinigen lässt mit ihren über Tausende von englischen Quadratmeilen ausgebreiteten Lagerungsverhältnissen auf Spitzbergen; sie muss hier ohne Zweifel theilweise einen andern Ursprung haben. Vermuthlich ist sie entstanden durch einen in der Länge der Zeiten fortgehenden Metamorphosen-Process ungeheurer Lager von vulkanischer Asche und Graus, die während einer langen Reihe geologischer Perioden (wenigstens von der Bergkalkperiode bis zur Jurazeit[**]) von einigen in diesen arktischen Gegenden in früheren Tagen befindlichen Vulkanen ausgeworfen worden sind.

Zufolge einer Analyse von Lindström[***]) enthält diese Bergart:

Kieselsäure	49,78
Kalkerde	9,44
Talkerde	5,65
Thonerde	14,03
Eisenoxid	14,86
Titansäure	2,97
Manganoxidul	0,43
Alkalien	1,20
Glühverlust	1,37
	100,00.

Die obere Abtheilung der Steinkohlenformation scheint in den Gegenden, von denen hier die Rede ist, gänzlich zu fehlen, und aller Wahrscheinlichkeit nach auch die Permische Formation, obgleich die Bergkalkversteinerungen Spitzbergens auf gewisse Art ein Permisches Gepräge tragen. Die Versteinerungen zeichnen sich aus durch eine ungemein robuste und dickschalige Ausbildung und sind im Allgemeinen sehr gross. Die bei weitem überwiegende Anzahl besteht in gewaltigen Brachiopoden, demnächst kommen Korallen (eine Koralle von Klaas Billen Bai hat einen Durchschnitt von 1½ Fuss), Crinoidenstengeln, Enkriniten, einigen wenigen äusserst unansehnlichen Cephalopoden (von den Hornsteinlagern bei den Axel-Inseln), einer Euomphalusart von dem Cyathophyllum-Lager; auch ein Trilobit-Fragment ist unter dem Spirifer-Kalk von dem Loven Berge von Angelin erkannt worden.

[*]) Ueber die Ursache des basaltähnlichen Struktur s. Sketch of the Geology of Spitsbergen, p. 35.
[**]) Möglich ist gleichwohl, dass einige dieser Hyperitbänke einen ganz secundären Ursprung haben, in dem sie nichts anderes sind als verhärteter Hyperit-sand, gleich demjenigen, der noch heutiges Tages an dem Fuss von Hyperitbergen gebildet wird.
[***]) Siehe die oben angeführte Abhandlung.

III. BESCHREIBUNG DER ARTEN.

Calamiteae Brgn.

1. **Calamites radiatus** Brgn. Taf. I bis VI.

C. caule cylindrico, articulis vix contractis, distantibus, sulcis in caule corticato parum conspicuis, in caule decorticato profunde notatis, parallelis, continuis, supra articulos transeuntibus, costis subplanis, tenuissime striatis; foliis liberis, linearibus; rhizomate magno, cylindrico, ramoso, tenuissime striato, radicis fibrillis verticillatis, elongatis anguste linearibus, ramosis.

A. Brongniart hist. des végét. foss. I, p. 122, pl. 26. Schimper, le terrain de transition des Vosges de Köchlin p. 321, pl. I.
Equisetites radiatus, Sternb. Vers. p. 45.
Bornia radiata, Schimper Paléontologie végétal pag. 335. Taf. XXIV.
Calamites transitionis, Goepp. Flora des Uebergangsgebirges, nova acta Acad. Leop. carol. 1852, p. 116, Taf. III, IV. und 1860 p. 465. Geinitz Flora von Hainichen-Ebersdorf p. 30, Taf. I. Ettingshausen die fossile Flora des schlesisch-mährischen Dachschiefers, p. 10. Taf. I, 4. II, III und IV. Dawson Acadian geology p. 537. Eichwald Lethaea rossica I. p. 166. Taf. XIII. 1—3. Richter der Kulm in Thüringen. Zeitschrift der deutschen geolog. Gesellsch. XVI, p. 166.
Bornia transitionis, Roemer in Dunker und Meyer Palaeontograph. III, 1, Taf. VII.
Calamites scrobiculatus, Schlottheim Petrefaktenkunde p. 102, Taf. 20, Fig. 1 *).
Bornia scrobiculata, Sternb. Vers. I, p. XXVIII. Goeppert nov. act. 1852 p. 131. Roemer in Palaeontograph. p. 1. Taf. I. Fig. 4.
Bornia Jordani, Goeppert l. c.
Calamites laticostatus, Ettingshausen l. c. p. 12 Taf. III, 1.
Equisetites Goepperti, Ettingsh. l. c. Taf. IV, Fig. 2 (ein Wirtel Wurzelfasern).
Equisetites gradatus, Eichw. Lethaea rossica I, p. 181, Taf. XIII, Fig. 3, 4 ?.
Calamites Sternbergi, Eichw. l. c. p. 172. Taf. XIV, 3 ?.
Calamites variolatus, Goepp. Flora des Uebergangsgebirges nov. act. 1852, p. 124. 262. Taf. V.
Calamites obliquus, Goepp. l. c. p. 121, Taf. VI, Fig. 9, 10.
Sphenophyllum dissectum, Guth. in Gaea von Sachsen p. 72.

---

*) Schlottheim giebt als Fundort das Dachgestein des Steinkohlenlagers bei Zürich an. Es ist schwer zu sagen wie Schlottheim zu dieser irrigen Angabe gekommen ist, denn bekanntlich haben wir leider das Steinkohlengebirge weder bei Zürich, noch überhaupt in unserer Gegend. Da Schlottheim die Pflanze schon im Jahre 1820 als Cal. scrobiculatus beschrieben hat, hätte dieser Name das Prioritätsrecht, da er aber nur für eine Var. passt, habe Brongniarts Bezeichnung vorgezogen.

Sphenophyllum furcatum, Geinitz Flora von Hainichen-Ebersdorf p. 36. Taf. I. Fig. 10—12. II. 1. 2. Goeppert nov. act. 1860 p. 474.

Noeggerathia crassa, Goepp. nov. act. 1852 p. 220. Taf. XI.

Es ist diess die häufigste Pflanze der Baren Insel, deren Rhizome massenhaft in dem grauschwarzen Schiefer liegen, die Stammstücke theils in der Kohle selbst, theils in dem Sandstein, in welchem Nordenskiöld sehr lange Stücke gesehen hat. Sie sind im Sandstein zum Theil aufrecht stehend.

Es sind die Stamme und die Wurzelstöcke zu unterscheiden.

I. Stammstücke.

Diese stellen den eigentlichen Calamites radiatus Bgm. dar, von welchem der C. transitionis Goepp nicht verschieden ist, wie dies Schimper nachgewiesen hat. Ettingshausen hat irrthümlich die Rhizomaeste für die Stammaeste und die Wurzlasern für die Blätter dieser Pflanze genommen und daraus geschlossen, dass sie von dem Cal. radiatus Br., der ungetheilte Blätter hat, verschieden sei (cf. Ettingshausen Flora des Dachschiefers p. 11). Schimper ist ihm in sofern gefolgt, als er von zerspaltenen langen Zweigblättern spricht, während sie am Stamme einfach seien (Paleontol. p. 355). Wir werden aber zeigen, dass diese vermeintlichen zerspaltenen Blätter Wurzelzasern sind, daher kein Grund vorliegt den C. transitionis vom C. radiatus zu trennen.

Die Dicke der Stammstücke der Baren Insel ist sehr verschieden, wie ein Blick auf die Taf. I bis III zeigt. Bei Taf. II, Fig. 1, beträgt sie 150 Millim., bei Taf. III. 1, aber 140 Millim., und bei den auf Taf. I abgebildeten Stücken schwankt sie zwischen 22 und 55 Millim. Es sind dies entrindete Stammstücke, bei welchen die Rippen und Furchen sehr deutlich hervortreten. Sie laufen in geraden, parallelen Linien über den Stamm. In den Abdrücken sind die Rippen vertieft, die Furchen aber erhaben. Die Rippen sind flach, selten schwach gewölbt (Taf. I, Fig. 7), und über dieselben laufen zahlreiche, sehr feine Längsstreifen, welche man öfter nur mit der Loupe gewahr wird, während sie zuweilen deutlich hervortreten. Die Furchen bilden bald nur schmale Längsstreifen (Taf. I, Fig. 1, a, 6, 7), und die Rippen haben dann eine Breite, die zwischen 2 und 4½ Millim. schwankt, bald aber erweitern sich die Streifen stellenweise (Taf. III, Fig. 1) und bei diesen auf Taf. I und im Abdruck entstehen dann knotig angeschwollenen Stellen. Es bekommen solche Stammstücke zuweilen ein Knorrien-artiges Ansehen, um sonder da die erhabenen Abdrücke der Furchen zuweilen stellenweise ganz unterbrochen sind (Taf. I, Fig. 2, 8). Es ist diese Form von Römer (Palaeontographica III, Taf. XIV, Fig. 5) und von Goeppert (nova acta 1852, p. 201) als Knorria conflues beschrieben worden. Wir haben dieselbe Form auch von Bourbach (Vogesen) erhalten. Bei den Stücken der Baren Insel ist diese partielle Erweiterung der Furchen nicht bei allen in derselben Stengelhöhe, sondern in verschiedener Höhe und in zufälliger Vertheilung, während man anderwärts (bei Landshut in Schlesien, bei Clausthal im Harz und bei Hainichen) Stücke gefunden hat, bei denen sie in derselben Höhe sich findet und zugleich die feineren Streifen deutlich hervortreten. Diese hat Goeppert als Bornia scrobiculata beschrieben (nov. act. 1852, p. 151) und bei welcher die feineren Streifen zurücktreten, als Bornia Jordani. Dass diese partiellen Erweiterungen der Furchen keinen specifischen Werth haben, zeigt uns Taf. III, Fig. 1. wo sie an demselben Stammstücke auf der linken Seite sehr deutlich ausgesprochen sind, während sie auf der rechten gänzlich fehlen. Ebensowenig kann auf das mehr oder weniger starke Hervortreten der Zwischenuerven ein grosser Werth gelegt werden.

In vielen Fällen sind die Furchen nicht nur stellenweise erweitert, sondern der ganzen Länge nach viel breiter und bilden dann im Abdruck breite Leisten, zwischen welchen die Abdrücke der Rippen liegen. Solche Stengelstücke hat Ettingshausen als Calamites laticostatus beschrieben (fossile Flora des Dachschiefers p. 12). Taf. III, Fig. 3, und I. 4, zeigen uns, dass diese Leisten zuweilen eine beträchtliche Breite erreichen, so dass sie fast den Rippen gleich kommen. Sie sind wie diese von keinen Längsstreifen durchzogen. Auch bei diesen breitrippigen kommt zuweilen eine stellenweise Verschmälerung und selbst Unterbrechung der Rippen vor, welche Stücke ein Knorrenartiges Ansehen erhalten.

Bei allen diesen Stücken erscheinen die Knoten nur als schmale Querlinien, über welche die Längsfurchen in geraden, ununterbrochenen Linien weglaufen (Taf. I, Fig. 6, 7). Astbildung habe ich an denselben keine bemerkt, auch keine Blätter. Indessen konnte man Taf. II, Fig. 5 für einen Ast nehmen, es hat diess Stück nur eine Breite von 6 Millim., und dieselben Längsstreifen, wie die Stammstücke, am Knoten ist eine ziemlich starke Kohlencruste, und dadurch die Streifung an jener Stelle verwischt. Blätter sind auch an diesem Stück nicht erhalten.

Auffallenderweise kommen zuweilen aussen an den Stammstücken runde Warzen vor. Solche Stücke hat Goeppert als Calamites variolatus beschrieben. Bald sind dieselben ziemlich gross, indem sie eine Breite von 3—4 Millim. haben (Taf. I, Fig. 5), bald aber haben sie nur einen Durchmesser von etwa 2 Millim. (Taf. VIII, Fig. 1 b). Sie sind meist kreisrund und haben einen innern Ring. Sie treten in keiner bestimmten Ordnung auf und sitzen theils auf den Furchen, theils auf den Rippen. Diese unregelmässige Vertheilung, wie der Umstand, dass sie nicht an den Knoten auftreten, zeigt, dass es weder Ast- noch Blatt-Narben sein können. Vielleicht rühren sie von Pilzen oder Flechten her, die aussen am Stamme ansassen oder aber es sind Abdrücke von Rinden anderer Pflanzen-Arten, welche auf die Calamitenstämme gedrückt wurden, wofür namentlich Taf. IX. Fig. 2 b. angeführt werden kann, wo ein Rindenstück der Stigmaria minuta neben einem Calamiten liegt mit solchen rauhen Eindrücken, welche denen der Stigmaria sehr ähnlich sehen, nur wird die regelmässige Stellung derselben vermisst, wodurch die Deutung zweifelhaft wird.

II. Rhizome und Wurzeln.

An derselben Stelle mit den Stämmen kommen sehr häufig vielfach gablig zertheilte, fadenförmige und meist in allen Richtungen durcheinander gewirrte Gebilde vor, welche ohne Zweifel die Wurzelfasern unserer Pflanze darstellen. Sie bedecken zuweilen ganze Platten und sind selten so gelagert, dass man ihren Verlauf verfolgen kann. Diess ist indessen der Fall bei Taf. IV, Fig. 2, 3, und Taf. II, Fig. 6. In einzelnen Fällen sieht man, dass zahlreiche solcher Wurzelfasern wirtelig um einen Knoten herumstehen (Taf. II, Fig. 2 b). Es ist diess eine Bildung, wie wir sie genau so bei den Rhizomen der lebenden und fossilen Equiseten haben (cf. miocene Flora Spitzbergens Taf. I, Fig. 2, 10, 14, II, 1, 2, 3, 6). Man hat aber irrthümlich bisher diese Wurzelfasern für Blätter genommen, was Geinitz veranlasst hat, diese Rhizome zu Sphenophyllum zu stellen. Ettingshausen hat zwar die Zusammengehörigkeit derselben mit unserem Calamiten erkannt, aber setzt sie als beblätterte Aeste in die Stamm, während sie als bewurzelte Rhizome in die Erde gehören. Ueber die Grösse, Form und Verästelung der Rhizome geben die Taf. II, Fig. 2–4, Taf. IV, V und VI genügenden Aufschluss. Die Grösse derselben ist sehr beträchtlich, indem sie eine Breite von 11 Decim. erreichen, und sie müssen sehr lang gewesen sein, wie das Taf. VI abgebildete, immerhin ganz fragmentarische Stück beweist. Die Knoten sind bald nur schwach angedeutet (Taf. V), bald aber sehr deutlich ausgesprochen (Taf. IV) und dann zuweilen etwas angeschwollen (Taf. IV, Fig. 4, VII, Fig. 1 a). Bei Taf. IV, Fig. 5, bildet die Querlinie drei Bogen. An den Knoten sehen wir nicht selten rundliche Narben (Taf. IV, Fig. 4, 5, II, 4), welche uns die wirtelständige Stellung der Aeste anzeigen. Einzelne solche Aeste sehen wir noch am Rhizom befestigt (Taf. IV, Fig. 1) oder sie liegen neben demselben (Taf. II, Fig. 2, V). Sie sind wie die Rhizomstämme cylindrisch und stellenweise mit Knoten versehen und an diesen mit den Wurzelfasern besetzt. Was diese Rhizomaeste und Rhizomstämme vor den oberirdischen Stämmen voraus auszeichnet, ist, dass die Längsstreifen und Rippen viel weniger hervortreten und zwar noch weniger als bei den berindeten Stämmen, wogegen die feineren Zwischenstreifen ebenso deutlich sind. Stellenweise treten diese ebenso deutlich hervor als die Hauptstreifen, und dann haben wir sehr zahlreiche und ungemein dicht stehende parallele Streifen (Taf. V), oder von den Hauptstreifen, die ein Stück weit deutlich sind, verlieren sich einzelne unter den feinern, oder es sind alle Längsstreifen verwischt und die Rinden erscheinen als glänzend glatte Bänder, bei denen man nur mit der Loupe die zahlreichen und dicht stehenden Längsstreifen sehen kann. Dadurch bekommen diese Rhizome und ihre Aeste ein etwas anderes Aussehen, als die oberirdischen Stämme [*]), zeigen aber so viele Uebergänge zu denselben, dass ihre Zusammengehörigkeit nicht bezweifelt werden kann. Anfänglich habe ich vermuthet, es könnten dieses die äussern Rindenpartien der Stämme unserer Calamiten sein, da bei diesen die Streifen und Rippen auch weniger stark hervortreten. Das Zerspalten zahlreicher Schieferstücke, welche mit denselben erfüllt waren, ergab aber, dass unter diesen Rinden niemals solche lagen mit starken Streifen und Rippen.

Bei mehreren Stücken sieht man auf den Rinden eigenthümliche Eindrücke, welche wahrscheinlich von Haaren herrühren (cf. Taf. IV, Fig. 5). Es spricht dafür namentlich der Umstand, dass sie am Grund verdickt sind, vorn aber in eine feine Borste auslaufen. Sie müssen stellenweise dicht beisammen gestanden haben und verhalten sich wohl ähnlich, wie die Rhizomhaare mancher Wasserpflanzen, so der Nymphaeen.

Zu Calamites radiatus rechne auch das Taf. X, Fig. 8 abgebildete Stück. Es ist ausgezeichnet durch die kurzen Internodien und die dicht beisammen stehenden Knoten, die im Abdruck Querfurchen bilden. Das sehr wohlständig erhaltene, in grauschwarzem Kohlenschiefer liegende Stück ist 27 Millim. lang. Die Knoten sind 4 Millim. von einander entfernt. Die feinen Längsstreifen stehen dicht beisammen und sind von gleicher Stärke. Ist sehr ähnlich einem Stück, das C. Richter als Rhizom des Calamites radiatus abgebildet hat (cf. Zeitschrift der deutschen geolog. Gesellsch. XVI, 1864, Taf. V, Fig. 8 und Schimper Paleont. Taf. XXIV, Fig. 7). Nach meinem Dafürhalten stellen diese Stücke junge Sprossen dar, an deren Spitze wahrscheinlich die Fruchtzapfen sich gebildet haben. Sie erinnern in mancher Beziehung auch an die sonderbaren Gebilde, die Brongniart als Sternbergia beschrieben hat und die sehr verschiedenartige Deutung erhalten haben. Ich vermuthe, dass die Sternbergien, welche aus dem Culm Englands angegeben werden, hierher gehören.

Betrachten wir die auf Taf. I bis VI gegebenen Abbildungen, wird es nicht schwer halten sich ein deutliches Bild vom Aussehen dieser für die älteste Steinkohlenzeit wichtigen Pflanze zu verschaffen. Sie hatte ein schenkelsdickes grosses Rhizom, das wohl von schwammiger, weicher Struktur war, denn auch die ganz grossen

---

[*]) Goeppert Noeggerathia crassa gehört nach meinem Dafürhalten hierher. Es kann das von ihm abgebildete Stück schon wegen der dicken Knollenrinde kein Noeggerathiaschnblatt sein. Auch Noeggerathia Ruckeriana Goepp. (nov. act. 1852 p. 236, Taf. XLII Fig. 2) und N. lanosifrons Goepp. (l. c. p. 239) dürften hierher gehören.

Stücke (Taf. VI) haben keine sehr dicke Kohlenrinde zurückgelassen. Es war aussen von sehr feinen Streifen durchzogen, von denen einzelne stärker hervortreten und stellenweise mit feinen Haaren bekleidet sind. Von den Knoten liefen in Wirteln die langen Aeste aus, mit langen Gliedern und zum Theil angeschwollenen Knoten, an welchen dünnere Aeste ebenfalls in Wirteln befestigt waren. Diese trugen an den Knoten einen Wirtel sehr langer, vielfach verzweigter Wurzelzasern. So eine Pflanze bildete daher ein sehr grosses weit verzweigtes Wurzelwerk, das wohl über ein bedeutendes Areal sich verbreitete. Es scheint besonders im weichen Schlamm gewuchert zu haben, denn die aus diesem entstandenen grauschwarzen Thonschiefer sind ganz erfüllt von solchem Wurzelwerk, das wohl an dieser Stelle sich entwickelt hat.

Aus diesem Rhizom erhob sich der cylindrische Stamm, der an den Knoten mit einem Wirtel einfacher Blätter versehen war, wie das bei Thonn gefundene Stammstück zeigt. Welche Höhe diese Stämme erreichten und ob sie auch Wirtelständige Aeste trugen, ist noch nicht ermittelt. Immerhin haben sie mehrere Fuss Höhe erreicht.

Schimper hat unsere Art unter dem Namen Bornia radiata von Calamites getrennt und stützt sich dabei voraus auf die durchlaufenden Streifen und die Dichotomie der Blätter. Da das letztere Merkmal wegfällt, bleiben nur die an den Knoten nicht alternierenden Streifen, wozu noch die eigenthümliche feine Streifung der Rippen gefügt werden kann, welche allen ächten Calamiten fehlt. Wenn wir auch diese Merkmahle eine generische Trennung nicht zu rechtfertigen scheinen, begründen sie doch eine gute Untergattung, die als Bornia bezeichnet werden kann. Schimper führt noch die Frucht an, die aber nicht genügend bekannt ist. Unter den Pflanzen der Baren Insel habe ich vergebens nach den Früchten dieser Art gesucht.

Um die Uebersicht über die vielen Formen zu erleichtern, in welchen diese Art auftritt, wollen wir sie hier noch zusammenstellen, wobei indessen zu berücksichtigen ist, dass diese verschiedenen Formen nur zum Theil Varietäten, zum Theil nur verschiedene, aber früher verkannte Organe derselben Pflanze sind.

1. *Stamm mit schmalen, tiefen, gleich starken Furchen und breiten flachen Rippen.*

Calamites radiatus Br., C. transitionis Goepp. Taf. I, Fig. 1 a und 6 im harten Sandstein. Fig. 1 a hat schmale, aber tiefe Längsfurchen und breite, flache Rippen, die mit feinen Längsstreifen versehen sind. Ob bei Fig. 1 b ein Knoten oder nur ein zufälliger Bruch sei, ist nicht zu entscheiden. Fig. 6 ist ein dünneres Stengelstück mit zwei Knoten, welche 35 Millim. von einander entfernt sind und nur wenig hervortreten. Der Stengel ist bei den Knoten nicht eingezogen und die Furchen laufen ohne Unterbrechung durch.

Das grosse Taf. II. Fig. 1 abgebildete Stück liegt in der Kohle und stellt den Abdruck der Rinde dar. Die Furchen treten hier als parallele, starke Leisten auf, welche indessen stellenweise abgeplattet sind.

Bei Taf. III. Fig. 2 haben wir zwei flachgedrückte Stengelstücke aus der Kohle. Sie sind stellenweise noch mit der äussern Rinde bekleidet, an welcher die Furchen nur schwach hervortreten.

2. *Furchen stellenweise verbreitert.* Taf. III, Fig. 1.

Bei einigen Stücken zeigen diese Erweiterungen einen eigenthümlichen Kohlenglanz und scheinen durch zufälligen Bruch entstanden zu sein. Im Abdruck erscheinen die Furchen als Rippen, die stellenweise verschmälert oder auch ganz unterbrochen sind, wodurch der Stamm ein knotenartiges Aussehen erhält (Taf. I, Fig. 8, IX, 2 a). Es ist dies die Knorria confluens Goepp. und Roemer l. c. Die feinen Langsstreifen, die ganz mit denen des Cal. radiatus übereinstimmen, und der Uebergang der scheinbaren Warzen in zusammenhängende Langsrippen zeigt aber, dass auch diese Stücke zu unseren Calamiten gehören. Dieselbe Form kommt auch bei Bonebach in den Vogesen vor. Wir besitzen ein schönes Stammstück von da, das auf einer Seite die regelmässigen Furchen des Cal. radiatus zeigt, auf der andern aber die knorrienartige Bildung. In solcher Weise sind wohl auch die Stämme zu erklären, die in dem Sholy Steinbruch bei Marwood in Devonshire gefunden wurden*) und wahrscheinlich zur vorliegenden Art gehören.

3. *Die Furchen* (im Abdruck die Leisten) *sind sehr breit.* Taf. I, Fig. 2, 3, 4. III, Fig. 3. Calamites latiostatus Ettingsh. l. c.

Diese breitfurchige Form ist auf der Baren Insel häufig. Ettingshausen giebt noch die stärker hervortretenden Streifen als unterscheidendes Merkmal an. Die Rippen des Cal. radiatus sind aber immer gestreift und das mehr oder weniger starke Hervortreten dieser Zwischenstreifen kann keine Art bedingen. Sehr ähnlich ist auch Equisetites quadratus Eichw. (Lethaea rossica Tab. XIII, Fig. 5) vom Ural, und ich weiss nicht was Eichwald veranlasst haben mag, diesen Calamiten zu Equisetites zu stellen.

Bei Taf. I, Fig. 2 haben wir den Abdruck eines Stammstückes; die den Furchen entsprechenden Leisten haben eine Breite von 1½ Mill., die dazwischen liegenden Abdrücke der Rippen sind flach. Aehnlich ist Taf. III Fig. 3, bei dem die Leisten am Grund paarweise zusammengehen. Bei Taf. I, Fig. 3 (Abdruck) sind die Leisten

---

*) Vgl. S. Haughton on the evidence afforded by Fossil Plants as to the Boundary Line between the Devonian and Carboniferous Rocks. Journ. of the geolog. soc. of Dublin VI p. 252.

sten stellenweise verschmälert und sich abflachend, so dass auch bei dieser breitfurchigen Form dieselbe Bildung wiederkehrt, die wir vorhin beschrieben haben. Taf. I, Fig. 4 stellt ein dünnes Stengelstück dar mit viel enger stehenden Furchen und Rippen.

4. *Die Rippen sind etwas gewölbt.* Taf. I, Fig. 7.

Der Knoten ist auf der rechten Seite zerdrückt und diess wohl der Grund, dass dort die Rippen etwas verschoben sind, so dass die Furchen hier alterniren.

5. *Der Stengel stellenweise mit runden Warzen besetzt.* Taf. I, Fig. 5, Taf. IX, Fig. 2 b. — Calamites variolatus Goepp.

6. *Stengel mit sehr kurzen Internodien.* Taf. X, Fig. 8.

7. *Rhizome mit Aesten und Wurzelfasern.* Sphenophyllum furcatum Gein. Taf. II, Fig. 2—6, III, Fig. 4, Taf. IV, V, VI.

Taf. V, Fig. 1 ist ein grosses Rhizom mit 10–15 Millim. von einander abstehenden, etwas tieferen Streifen und zahlreichen äusserst zarten Zwischenstreifen. Ueber die Mitte läuft ein Knoten. Zahlreiche, parallele, schief stehende Streifen sind wahrscheinlich die Abdrücke von Stengeln, die in anderer Richtung verliefen. An dem breiten Stengelstück Fig. 2 verlieren sich die tieferen Streifen, und es ist von zahlreichen, fast gleichstarken Streifen durchzogen. An dem zahlreichen Aesten (Fig. 3) sind dagegen wieder stärkere und feinere Streifen zu unterscheiden. Von einem sehr grossen Rhizom, bei welchem die starken Streifen stellenweise ausgehen, entspringt ein langer Ast, der zwei Knoten besitzt, welche nicht angeschwollen sind, während ein zweiter dabei liegender Ast eine starke Anschwellung am Knoten zeigt. Dasselbe ist der Fall bei Taf. VIII, Fig. 1 a, bei dem auch die Streifung sehr deutlich ist, namentlich bei einem dünnen, sehr langen und doch dabei ungegliederten Ast. Daneben liegen die langen, vielfach verzweigten Wurzelfasern. Noch grösser sind die Taf. VI abgebildeten Rhizome. Es liegen vier auf der Steinplatte, von welchen drei zusammenzugehören scheinen. Die Knoten sind nur durch schwach hervortretende Querlinien angedeutet; die stärkern und schwächern Längsstreifen stellenweise sich verlierend. Die Noeggerathia crassa Goepp. ist auf ein solches Rhizomstück gegründet. Auf Taf. IV zeigt uns Fig. 1 ein Rhizom mit deutlichen Längsstreifen, einem Knoten und einem ziemlich langen Ast, der beim Knoten entspringt. Von dem Knoten des Astes gehen Wurzelfasern aus. Fig. 2 ist ein Stengelstück mit deutlichen, zum Theil aber etwas verworrenen Streifen und daneben gablig getheilten Wurzelfasern, deren viele auf Fig. 3 sich ausbreiten. Fig. 4 haben wir Rhizomstücke mit sehr deutlichen, etwas angeschwollenen Knoten, vom denen der eine zwei grosse runde Astnarben trägt. Fig. 5 ist ausgezeichnet durch die bogenförmige, den Knoten anzeigende Querlinie und die wohl von Haaren herrührenden Eindrücke, welche uns auch Fig. 6 zeigt. Auf Taf. II, Fig. 2 liegen neben einem Rhizomstück zwei mit Knoten versehene Aeste, an denen die Wurzelfasern befestigt sind (Fig. 2 b). Taf. 4 zeigt uns sehr schön die feine Streifung der Rhizomäeste, die Knoten und die grossen runden Astnarben und Fig. 6 die Wurzelfasern. Taf. III, Fig. 4 einen kleinen Rhizomast, der am Knoten weiter verzweigt ist.

Die Wurzelfasern sind meist sehr fein und lang (Taf. IV, 3, VII, 1), zuweilen aber auch ziemlich stark (Taf. IV, 1, 2), meist verästelt, doch kommen auch einfache vor. Der Astrophyllites elegans Goepp. (nov. act. 1852 Taf. VI, 11) aus dem zum Kohlenkalk gehörenden Thonschiefer von Hausdorf (Glatz) dürfte daher hierher gehören.

Filices.

2. **Cardiopteris frondosa**, Goepp. sp. Taf. XIV. Fig. 3, 4.

C. fronde speciosissima, pinnata, pinnis basi subcordatis, apice obtusissimis, mediis imbricatis, 1—10 centim. longis; nervis e basi exorientibus numerosis, dichotomo-furcatis, ramis elongatis, tenuissimis, densissimis, mediis subrectis, lateralibus parum arcuatis.

Schimper Paléontolog. végét. p. 453 Taf. XXXIV. Cyclopteris frondosa Goepp. nov. act. 1852 p. 165, Tab. XIV, Fig. 1, 2 und 1860 p. 502.

Cyclopteris Haidingeri, Ettingsh. Flora des Dachschiefers p. 96, Tab. V.

Cyclopteris Köchlini, Schimp. végét. foss. du terr. de transit. p. 340. Taf. XXVIII.

Von diesem prachtvollen Farn, von welchem namentlich Ettingshausen ein sehr schönes Exemplar aus dem Dachschiefer von Melteh in Mähren abgebildet hat, sind in den Schiefern der Bären Insel zwar nur einzeine Fetzen der Blattfiedern gefunden worden, welche aber die Art nicht verkennen lassen, womit auch mein Freund Schimper übereinstimmt, welcher neuerdings zahlreiche Stücke aus Roemhach (in dem Vogesen) zu vergleichen Gelegenheit hatte. Auch wir haben von da prachtige Blätter dieser Art erhalten.

Fig. 4 stellt die mittlere Parthie einer Blattfieder dar, welche zeigt, dass der Rand vorn stumpf zugerundet und etwas wellig gebogen ist. Fig. 3 enthält mehrere grössere Fiederstücke, die aber zerrissen sind und dadurch gelappt erscheinen, welche Lappenbildung aber rein zufällig ist. Ganz ähnlich gelappte Blätter hat Schimper aus den Vogesen dargestellt (l. c. Taf. XXVIII, Fig. 1, 2, 5). Die Nerven stehen ungemein dicht, sind in grosser Zahl vorhanden und auswärts gablig verästelt.

Die Schizopteris Melvillensis Hr (Flora fossilis arctica Taf. XX, Fig. 1) ist vielleicht ein Blattfetzen der vorliegenden Art, indem diese langs der Nerven zerreisst und die Blattfetzen dann häufig am Grund keilförmig sich verschmalern, vorn aber gespalten sind.

3. **Cardiopteris polymorpha**, Goepp. sp. Taf. XIV. Fig. 1. 2. IV, 1.

C. pinnis rotundatis, integerrimis (saepius fortuito laciniatis), obtusissimis, latitudine 15—20 mill., longitudine 22—50 mill. metientibus, nervis e basi orientibus numerosis, dichotomo-furcatis.

Schimper Paleontol. véget. p. 152.
Cyclopteris polymorpha Goepp. nov. act. 1860 p. 502, Taf. XXXVIII. Fig. 5. Schimper veget. foss. du terr. du transit. p. 359, Taf. XXVII, Fig. 1—7.
Cyclopteris Hochstetteri, Ettingsh. Flora des Dachschiefers p. 97, Taf. VI, Fig. 3.
Cyclopteris dissecta, Goepp. nov. act. 1860 p. 495, Taf. XXXVII. Fig. 3, 4, 5.
Aneimia Tschermakii, Ettingsh. l. c. p. 28.

Ich bringe diese Fetzen zu C. polymorpha, weil die Grösse der Fiedern und ihre Nervatur zu den von Goeppert und Schimper abgebildeten Blattfiedern passt und das von Schimper (l. c. Pl. XXVII, Fig. 2) dargestellte Blatt dieselbe Lappenbildung erkennen lässt. Nach meinem Dafürhalten gehört auch die Cyclopteris dissecta Goepp. und die Aneimia Tschermakii Ettingsh. zu unserer Art und zeigen dieselbe unregelmässige, weil eben zufällige, Lappenbildung.

Die meisten Taf. XIV abgebildeten Stücke sind Fetzen aus der mittleren Parthie des Blattes, daher sie zegen den Grund keilförmig verschmälert erscheinen, während die vollständig erhaltenen Fiedern der C. polymorpha am Grund stumpf zugerundet sind. Sie sind sehr lang, am Grund verbreitert, mit einer dicken, von zwei Streifen eingefassten Mittelrippe. Sie sind glatt, während die Spindeln der C. polymorpha mit Warzchen besetzt sind. Da jede Spur von Ansatzstellen der Blattfiedern fehlt, scheinen es überhaupt keine Farnspindeln zu sein, sondern sind wohl eher Blätter. Dagegen dürfte die Taf. IX, Fig. 7 c abgebildete mit Warzchen besetzte Spindel hierher gehören.

4. **Palaeopteris Roemeriana**, Goepp. sp. Taf. XIV, Fig. 5.

P. pinnulis alternis, subremotis, subpatentibus, spathulato-oblongis, in petiolum brevissimum attenuatis, integerrimis, nervis dichotomo-furcatis, rachi valida, striata, scrobiculata.

Pal. Roemerii Schimper Paleontol. véget. p. 476.
Cyclopteris Roemeriana, Goepp. nov. act. 1860 p. 497, Taf. XXXVII, Fig. 8.

Es wurde nur ein schlecht erhaltenes Stück gefunden, dessen Bestimmung nicht ganz sicher ist. Doch scheint es in den wesentlichen Merkmalen mit dem viel besser erhaltenen Stück übereinzustimmen, das Goeppert aus dem unmittelbar von Kohlenkalk bedeckten Vermelli-Schiefer zu Moresnet bei Aachen erhalten hat.

Die Spindel ist dick und von mehreren parallelen Langsstreifen durchzogen, zwischen denselben haben wir zahlreiche in Reihen stehende Grübchen und Wärzchen, welche von blossem Auge zu bemerken sind und in gleicher Weise auch bei dem von Goeppert beschriebenen Farn auftreten. Von der dicken Hauptspindel entspringen viel dünnere; an einer derselben sind ganzrandige gegen den Grund verschmälerte und vorn zugerundete Fiederchen befestigt, die von feinen, gablig zertheilten Längsnerven durchzogen sind.

Es liegt dies Stück in einem harten, grauschwarzen Sandstein mit vielen sehr kleinen Glimmerblättchen. Zweifelhaft sind die zwei an einer dünnen Spindel befestigten Blattfiederchen, die auf Taf. IV, Fig. 1 abgebildet sind. Sie sind vorn abgebrochen, die Basis ist aber keilförmig verschmälert, wie bei der vorliegenden Art.

5. Sphenopteris Schimperi, Goepp. Taf. XIII, Fig. 3—5.

Sph. fronde dichotoma, rachi primaria valida, semicylindrica, scrobiculata, pinnulis sessilibus, pinnatisectis, lobulis numerosis, erectis, anguste linearibus, subcunciformibus.

Schimper terrain de transit. des Vosges p. 341, Taf. XXIX. Paléontolog. végét. p. 408 (S. Schimperiana).

Hymenophyllites Schimperi, Goepp. nov. act. 1860 p. 490, t. XXXVII, 2, a, b (die Figur ist aber ganz missrathen).

In einem eisenhaltigen, an der Aussenfläche rothbraunen, inwendig hell bräunlich grauen Thon liegen die Reste eines Farnkrautes, welche durch die starken, gablig getheilten und von zahlreichen feinen Quernerven durchzogenen Spindeln und die fein zertheilten Blattfiedern mit Sph. Schimperi übereinstimmen. Jedoch sind die Lappen der Blätter etwas schmäler und vorn kaum merklich verbreitert, aber unvollständig erhalten. Die auf Fig. 4 a abgebildete Blattspindel ist zweimal gablig getheilt, nach Art der Gleichenien. Zwei Streifen fassen eine mittlere Rippe ein. Die Spindeln, Fig. 4 b, c, d, sind mit mehreren Reihen kleiner Gräbchen besetzt, mit welchen kleine Warzchen wechseln. Die Blattfiedern sind grossentheils zerstört, doch ist bei Fig. 4 e eine dünne Spindel erhalten, welche von den Resten mehrerer Blattfiederchen umgeben ist. Ein paar derselben sind handförmig gelappt, während andere fiederschnittig, aber sehr zerdrückt sind; die Lappen sind sehr schmal und auswärts nur sehr schwach verbreitert (Fig. 5 ein Stück vergrössert).

Auf Fig. 3 sind kleine Reste einer Sphenopteris, welche der Sph. tetracta Goepp. (nov. act. 1852 p. 111, Taf. XII) ähnlich sehen, doch zur Bestimmung zu unvollständig erhalten sind.

Selagines.

6. Lepidodendron (Sagenaria) Veltheimianum, Sternb. Taf. VIII, Fig. 1—7, IX, 2 a, 3, 4.

L. foliis semipollicaribus, patentibus, leviter incurvis, foliorum pulvinis corticalibus ellipticis, utrinque angustato-acuminatis, basi incurvo-caudatis, linea media elevata acuta longitudinali aliaque transversali biarcuata insignitis, cicatricula immersa subrhomboidea; ramorum juniorum rhombeis utrinque acuminatis; cicatricibus trunci decorticati oblongis vel elliptico-lanceolatis, utrinque acuminatis.

Sternberg Versuch I, p. 12, Taf. LII, Fig. 2. Schimper Paléontolog. végét. II, p. 29.
Sagenaria Veltheimiana, Presl. in Sternb. Vers. III p. 180, Taf. LXVIII, Fig. 14.
Roemer in Palaeontogr. III, Taf. VII. 14. Goeppert nov. acta 1852 p. 180—184, Taf. XVII—XX; 1860 p. 520. Geinitz Flora von Hainichen p. 51, Taf. IV, 1—5, 11; VI, 1, 3. Schimper terrain de transition des Vosges p. 336 (ex parte), Taf. XXII, 4, XXIII, XXIV, XXVI, 1—4.

Sagenaria acuminata, Goepp. nov. act. 1860 p. 185, Schimper l. c. Taf. XXVI, 1—4.

Ist häufig unter den Kohlenpflanzen der Bären Insel; die Stämme und Aeste liegen theils in der Kohle selbst, theils in den schwarzen Schiefern. So häufig aber entrindete Aeste sind, wurde doch kein gutes Rindenstück gefunden, welches die äusserste Rindenschicht enthält. Das beste Stück ist Taf. VIII, Fig. 3 abgebildet. Es ist ganz platt gedrückt und darum sind wohl die Blattwülste zu nur schwach aufsteigenden Parastichen. Sie sind elliptisch, oben und unten in eine schmale Spitze ausgezogen, doch ist diese bei der Mehrzahl ganz verwischt, bei einzelnen indessen erhalten. Am deutlichsten ist das rhombische Schildchen (die Anheftungsstelle des Blattes) und die Querlinie, welche etwas oberhalb der Mitte liegt und beim Schildchen in der für L. Veltheimianum bezeichnenden Weise eingebogen ist, so dass sie herzförmig gekehrt erscheint. Dagegen ist die Längskante nur bei ein paar Blattwülsten schwach angedeutet, bei den meisten ganz verwischt.

FOSSILE FLORA DER BÄREN INSEL.

Das Aussehen der entrindeten Stammstücke ist sehr verschieden. Bei Taf. XIII, Fig. 2 a haben wir elliptische Narben mit einer mittleren länglichen Vertiefung; die Enden sind in undeutlicher Weise verschlungen. Ein sehr ähnliches Stück hat 8 himper l. c. Taf. XXIII abgebildet. Ob das bei Fig. 2 b liegende Rindenfragment zu dieser Art gehört, ist noch zweifelhaft. Bei Fig. 1 haben wir ein entrindetes Stammstück (im Sandstein), bei welchem die länglich ovalen Warzen stark hervortreten. Es sind die Parastichen nur schwach ansteigend, ähnlich wie bei Fig. 3. Ein sehr ähnliches Stammstück aus dem Bergkalk von Katharinenburg zieht Eichwald zu Lepidodendron Glincanum (Lethaea rossica Taf. V a, Fig. 9). Bei Fig. 1 steigen die Reihen viel steiler auf, wie dies dem L. Veltheimianum in der Regel zukommt. Es ist dies der Abdruck eines entrindeten Stammstückes, bei dem die Warzen als Eindrücke erscheinen. Sie sind elliptisch, 14—16 Mill. lang und 1 Mill. breit und saamte derselben mit einer scharfen Mittelkante (im Abdruck Mittelfurche) versehen.

Eine noch tiefer im Innern des Stammes liegende Parthie stellt Taf. IX, Fig. 2 a und VIII, Fig. 7 dar. Statt der Narben bemerkt man nur kleine, längliche und sehr schmale Warzen, welche der D?zehgang der Gefässbündel bezeichnen. Sie haben dieselbe regelmässige Stellung, wie die Blattnarbe der Rinden. Ueber den Stamm laufen, in ziemlich grossen Abständen, mehrere Längslinien und erinnern dadurch an Sigillaria, was mich anfangs veranlasst hatte, dieses Stück für die Sigillaria distans Geinitz (Flora von Hainichen Taf. XIII, 1) zu nehmen, welcher es in der That so ähnlich sieht, dass es mir noch sehr zweifelhaft scheint, ob diese Sigillaria distans Gein. von Lep. Veltheimianum zu trennen sei. Man vergleiche dazu die Abbildungen von Geinitz Taf. XI, 3 und Schimper terrain de transition Taf. XXIV und XXV.

Zweigstücke, wie solche Taf. IX, 3 abgebildet sind, sind häufig. Sie haben zuweilen eine beträchtliche Länge und sind gablig gethrilt. Da sie zuweilen stark gekrümmt und gewunden sind, müssen sie im frischen Zustand sehr biegsam gewesen sein. Ihre äussere Rinde ist fast durchgehends zerstört und die Blattnarben dadurch verwischt. Bei einem kleinen Zweiglein (Taf. VIII, Fig. 5 a, vergrössert 5 aa) sind indessen die Blattpolster sehr schön erhalten; sie sind länglich-rhombisch, indem der Längsdurchmesser den Querdurchmesser bedeutend übertrifft, über die Mitte geht eine Längslinie. Es stimmt die Form und Anordnung derselben ganz mit den von Geinitz (Hainichen-Ebersdorf Taf. IV, 2, 3) gegebenen Abbildungen überein. Bei einem zweiten etwas dickeren Zweigstück (Taf. VIII, Fig. 6, vergrössert 6 b) sind die Blattpolster etwas kürzer und breiter, aber auch sehr dicht gestellt. Die Blätter sind bei allen Zweigen abgefallen. Wohl sieht man bei denselben eine Menge von kleinen linienförmigen Fragmenten, welche wahrscheinlich von Blättern herrühren, aber kein einziges ist ganz erhalten (Taf. IX, 3).

Bei den Lycopodien haben wir vielfach verästelte Wurzelzasern. Die Aeste derselben laufen öfter in rechten oder selbst stumpfen Winkeln aus und zuweilen verbinden sich dieselben durch Verwachsung. Dieselbe eigenthümliche Bildung zeigt uns Taf. XIII, Fig. 1, daher diese Gebilde sehr wahrscheinlich die Wurzelzasern von Lepidodendron darstellen. Zu welcher der vier Arten der Bären Insel sie aber gehören, ist nicht sicher zu ermitteln. Da L. Veltheimianum am häufigsten vorkommt, spricht wenigstens die Wahrscheinlichkeit für diese Art. Wir sehen aus Fig. 1 a, dass von der Wurzel ein Ast in fast rechten Winkel ausläuft, dass dieser dann in zwei Gabeln sich spaltet, die auch einen rechten Winkel bilden, und dass diese Aeste dann in gleicher Weise sich wieder gabeln und dann in dünne Zasern sich spalten. Bei Fig. 1 c sehen wir aber, dass merkwürdigerweise solche Aeste mit andern zusammenschmelzen. Diese Wurzelaeste sind von zahlreichen feinen Langstreifen durchzogen, von denen nur inmitten öfter etwas stärker sind. Im Winkel der zuweilen dicken Gabeln sind sie schwächer (Fig. 2 und 2 b, Taf. XIV, Fig. 7).

Es sind diese Wurzeln in dem grauschwarzen Schiefer nicht selten, und Steinplatten, die doppelt so gross sind, als die bei Fig. 1 abgebildete, sind ganz von denselben bedeckt.

7. **Lepidodendron commutatum**, Schimp. sp. Taf. VII, Fig. 8, 9, 10.

L. foliorum pulvinis corticalibus obovato-rhombeis, basi acuminatis, cicatricula immersa subrhomboidea, subapicali.

Ulodendron commutatum, Schimp. Paleontol. véget. II p. 40, Taf. LXIII.
Sagenaria Veltheimiana, Schimp. terr. de transit. (ex parte) p. 336, Taf. XXI, XXII, 1. Geinitz Hainichen (ex parte) Taf. V, Fig. 1, 2, 3.

Ziemlich selten.

Das schöne Taf. VII, Fig. 10 abgebildete Rindenstück erhielt ich durch Zerspalten eines schwarzen, von Kohlensubstanz ganz durchzogenen Schiefers. Es kommt in der Form und Grösse der Blattpolster sehr wohl überein mit den von Geinitz auf Taf. V als Sagenaria Veltheimiana abgebildeten schönen Stammstücken, ebenso stimmt dasselbe überein mit den von Schimper (l. c. Taf. XXI) von Roanbach abgebildeten Stammstücken, welche auch er früher zu Lepid. Veltheimianum gerechnet, dann aber als Ulodendron commutatum davon getrennt hat. Es weicht von L. Veltheimianum ab: durch die verkehrt eiförmigen Blattpolster, die am Grund weniger lang ausgezogen sind, durch das weiter oben, nahe dem Rande stehende Schildchen, die in der Mitte nicht eingebogene Querlinie und den Mangel der Längslinie. In allen diesen Punkten stimmt es mit den Exemplaren der Vogesen überein, nur fehlen bei der Rinde der Bären Insel die grossen runden Scheiben, welche Ulodendron auszeichnen. Da aber die Blattwülste und Blattnarben der Ulodendren ganz mit denen von Lepidodendron übereinstimmen und bei kleinern Stücken, wie es die der Bären Insel sind, es unmöglich ist zu entscheiden ob sie zu Ulodendron oder Lepidodendron gehören, thun wir besser sie nicht zu trennen, und ich muss in dieser Beziehung den Hrn Geinitz und Goeppert beistimmen, welche Ulodendron eingezogen haben. Es ist dies um somehr der Fall, da noch in Frage kommen kann, ob die vorliegende Art von L. Veltheimianum zu trennen sei, oder zu den vielen Formen derselben gehöre, worüber erst ein reicheres Material entscheiden kann. In den kleinern Blattnarben und ihrer Form erinnert die Art auch an L. dichotomum Sternb. (L. Sternbergi Lindl.).

Bei Taf. VII, Fig. 10 haben wir auf der linken Seite die gewölbten Blattpolster, auf der rechten aber die vertieften Eindrücke von solchen. Das kleine rhombische Schildchen (die Cicatricula) ist am obern gerundeten Ende des Polsters, wo dasselbe am meisten gewölbt ist, die weiter oben liegende Parthie, die in eine Spitze ausläuft, ist nur angedeutet. Nach unten ist das verkehrt eiförmige Blattpolster verschmälert und in eine gerade Spitze auslaufend. Die Mittellinie fehlt bei den meisten vollständig und ist nur bei wenigen schwach angedeutet. Die Länge des Blattpolsters beträgt vom Schildchen bis zur Spitze 7 Mill., die grösste Breite 4 Millim.

Bei Taf. VII, 9 sind zwar die Blattwülste klein, haben aber dieselbe verkehrt eiförmige Gestalt, wie bei Fig. 10.

Fig. 8 ist ein entrindeter, junger Zweig, bei welchem nur punktförmige Vertiefungen geblieben sind

8. **Lepidodendron Caruggianum** m. Taf. VII, Fig. 3—7, VIII, 8 a, IX, 2 d, vergr. 2 e.

L. ramulis elongatis, eleganter tessellatis, foliorum pulvinis quadrato-rhombeis, cicatricula centrali.

Nicht ganz selten.

Taf. VII, Fig. 4 stellt einen langen, dünnen Zweig dar, der dicht mit quadratisch-rhombischen Blattnarben bedeckt ist. Sie schliessen ein gleichgestaltetes Feldchen ein, in welchem drei neben einander liegende Punkte sich finden, von denen der mittlere der grösste und bei der Mehrzahl der Narben allein sichtbar ist (Fig. 5 vergrössert). Einen ähnlichen nur dickern Zweig stellt Fig. 6 (einzelne Narben vergrössert Fig. 7) dar; ein kleines Zweiglein Fig. 3 (vergrössert Fig. 3 b), Taf. VIII, Fig. 8 a und Taf. IX, Fig. 2 d (vergr. 2 e).

Hat rhombische Blattnarben, wie die jungen Zweige des Lepid. dichotomum stbg. (Geinitz Steinkohl. Sachsens Taf. III, 3), doch sind sie viel kleiner und weniger dicht zusammenschliessend. Aehnlich ist auch Lepid. Gaspianum Dawson (foss. Plants from the Devon Rocks of Canada. Quarterl. Journ. of London 1859 p. 477), bei welchem aber die Blattnarben länger als breit sind, wodurch sich das L. Gaspianum näher an L. Veltheimianum anschliesst, als an unsere Art. Von Cyclostigma minutum unterscheidet sie die rhombische Form der Narben und dass diese in der Mitte drei Punkte haben.

9. **Lepidodendron Wiikianum** m. Taf. VII, Fig. 1 c, 2, VIII, 2 c, IX, 1.

L. foliorum pulvinis corticalibus distantibus, rhomboideo-obovatis, cicatricula apicali rotundata; interstitiis evidenter striatis.

Selten.

Zeichnet sich durch die weit auseinander stehenden Blattpolster, das an der Spitze derselben stehende runde Schildchen und die deutlichen dicht stehenden Längsstreifen, welche die Zwischenräume zwischen den Blattpolstern ausfüllen, aus.

Taf. VII, Fig. 1 c ist ein ziemlich dickes Stammstück. Die Blattpolster stehen (von dem Schildchen aus gemessen) 14 Mill. von einander ab. Sie sind rhombisch-verkehrt eiförmig, die untere Parthie mehr verschmälert als die obere; aber die grösste Breite läuft eine sehr schwache, öfter verwischte Querlinie; das Schildchen ist an der obern Ecke, die Längslinie fehlt gänzlich. Die ziemlich grossen Zwischenräume zwischen den Blattpolstern sind von zahlreichen und dicht stehenden parallelen Längslinien durchzogen, welche der Rinde ein fein gestreiftes Aussehen geben. Die Blattpolster stehen in regelmässigen, ziemlich steil aufsteigenden Parastichen.

Zu dieser Art gehört wahrscheinlich auch Fig. 2, bei welcher die regelmässige Stellung der Blattpolster gestört ist. Diese sind auch viel kleiner als bei Fig. 1 c, haben aber dieselbe Form, und auch an ihrer Spitze stehende, runde Schildchen und fein gestreifte Zwischenräume.

Taf. IX, Fig. 1 ist ein ähnliches Stück, mit auch unregelmässig gestellten Blattpolstern. In dem fast kreisrunden Schildchen der drei Punkte, die in einer Reihe stehen. Die Polster treten in der obern Parthie warzenförmig hervor und sind glatt, nach unten sind sie undeutlich begrenzt. Die Zwischenräume sind deutlich gestreift (ein Stück vergrössert Fig. 1 b).

Bei Taf. VIII, Fig. 2 c haben wir dieselbe parallele Streifung, aber von den Blattpolstern sind nur kleine runde Wärzchen geblieben, welche dem Durchgang der Gefässbündel bezeichnen.

Steht dem Lepidodendron (Sagenaria) remotum Goepp. (nova acta 1852 p. 187, Taf. XXXIV, Fig. 3) am nächsten, unterscheidet sich aber durch die andere Form der Blattpolster, welche freilich in Goepperts Exemplar (aus Bendau bei Leobschütz in Schlesien) sehr schlecht erhalten sind, so dass eine genauere Vergleichung nicht möglich ist. In der Streifung der Zwischenräume stimmt sie zu Lepidodendron (Sagenaria) Glincanum Eichw. (Lethaea rossica p. 127), hat aber breitere Blattpolster; ferner mit Sigillaria monostigma Lesquereux (Geological survey of Illinois II p. 449, Pl. 42, Fig. 4—5) von Colchester in Illinois, die nur auch zu Lepidodendron zu gehören scheint. Der aber die Blattwulst gehende Querstreifen ist aber bei der Art der amerikanischen Steinkohlen viel stärker ausgeprägt und die Narbe oben stumpfer zugerundet. Die kleine Stigmariaartige Warze an der Spitze der Blattwulst, der Querstreifen der aber die Mitte derselben verlauft und der Mangel eines Längsstreifens bilden in Verbindung mit der feinen Streifung der Interstitien für die Art der Baren Insel und die aus Illinois gemeinsame Merkmale, welche sie von den übrigen Lepidodendren auszeichnen und jedenfalls eher berechtigen würden sie zu einem besonderen Genus zu erheben, als die Saginarien.

10. Lepidophyllum Roemeri m. Taf. IX, Fig. 7 a, 8.

L. lineare, 4½—14 millim. latum, medio carinatum, obsolete longitudinaliter striatum, nervo submarginali paulo fortiore.

In eisenschüssigen Thonplatten.

Das Fig. 7 a abgebildete Blatt hat eine Breite von 1½ Millim. und die Länge des erhaltenen Theiles beträgt 9 Centim., doch war es ohne Zweifel noch beträchtlich länger; es hat einen starker vortretenden Mittelnerv, die Seiten sind flach und von äusserst zartem, undeutlichen Längsnerven durchzogen, von denen ein dem Rande genäherter starker hervortritt, so dass das ganze Blatt drei starkere Längsnerven erhält, von welchen der mittlere die seitlichen an Stärke übertrifft.

Beträchtlich breiter sind die Fig. 8 abgebildeten Blätter; das eine hat 6, das andere in der obern Partie 8, gegen den Grund zu aber 14 Millim. Breite, wenigstens misst die eine Seite vom Mittelnerv bis zum Rand 7 Millim., während die andere Hälfte schmaler ist, weil der Rand verdrückt wird. Diess Blatt ist daher gegen den Grund ziemlich stark verbreitert. Es sind auch diese Blätter nicht in ihrer ganzen Länge erhalten und müssen uns beträchtlicher Länge gewesen sein. Das eine hat in der Mitte eine Furche, das andere eine scharf vortretende Kante, ohne Zweifel weil letzteres von der untern, ersteres von der obern Seite vorliegt. Die zarten seitlichen Längsnerven sind nur stellenweise zu erkennen; es scheinen jederseits 8 vorhanden zu sein; nahe dem Rande tritt ein Nerv stärker hervor, doch ist derselbe stellenweise verwischt. Da dieser breiten Blätter in der Nervation nicht den schmalen ganz übereinstimmen, habe sie vereinigt.

Es hat Prof. Roemer ein 38 Millim. langes und 14 Millim. breites Blattstück aus dem Posidonomyenschiefer des Innerste-Thales am Harz abgebildet (Palaeontogr. III p. 16, Taf. VII, Fig. 11) welches ganz zu unserer Pflanze passt. Es hat genau dieselbe Breite, wie das breitere Fig. 8 dargestellte und neben der mittleren Furche auch zarte Längsstreifen, von denen ein dem Rande nahe liegender stärker hervortritt.

Man rechnet gegenwärtig die langen, von einem starken Mittelnerv durchzogenen Blätter der Kohlenperiode zu Lepidophyllum und manche derselben gehören offenbar zu Lepidodendron und Sigillaria. Die vorliegenden Blätter der Baren Insel sind durch ihre Grösse ausgezeichnet, wie durch den Umstand, dass sie weniger steif und lederartig sind als die Blätter der Lepidodendren und Sigillarien, was schon aus der Art ihrer Biegung (Fig. 8) hervorgeht. Da Sigillarien bislang auf der Baren Insel nicht gefunden wurden, die Blätter des Lepidodendron Veltheimianum ganz verschieden sind und auch die drei anderen Arten der Baren Insel ohne Zweifel viel schmalere Blätter besessen haben, wie schon die Grösse der Blattnarben zeigt, müssen die vorliegenden Blätter andern Gattungen angehören, und ihre zartere Structur macht es nicht unwahrscheinlich, dass sie von einer Monocotyledonischen Pflanze aus der Familie der Cyperaceen herrühren, so dass sie vielleicht eher zu Cyperites zu bringen sind. Von den Noeggerathia-Fiedern, mit denen sie Roemer vergleicht, schliesst die Mittelrippe sie aus.

11. Knorria imbricata Sternb. Taf. X, Fig. 3, XI.

Kn. truncis corticatis cicatricibus rotundatis, medio umbilicatis, decorticatis verrucis magnis adpresso-erectis, lanceolatis oblongisque obsitis.

Sternberg, Flora der Vorwelt IV p. 125.
Goeppert, nova acta 1852 p. 198. Schimper, terrain de transit. p. 333, Taf. XIII. Paléontol. végét. II p. 46. Geinitz, Hainichen-Ebersdorf p. 57, Taf. VIII. Fig. 5, IX, Fig. 1—4.

Sehr häufig in den Kohlen und deren Zwischengestein.

Es sind die Knorrien, welche in dem Unter-Carbon sehr verbreitet sind, zwar leicht zu erkennen, doch ist ihre Stellung im System noch sehr bestritten. Goeppert hat in seiner ersten Arbeit über die Pflanzen des Uebergangsgebirges (nov. act. 1852) 12 Arten unterschieden, während er diese in seiner zweiten Arbeit (nov. act. 1860) sämmtlich einzieht und die meisten mit Lepidodendron Veltheimianum vereinigt. Schimper dagegen (terrain de transition p. 554 und Paleontolog. veget. II p. 41) sucht nachzuweisen, dass Knorria von den Lepidodendren verschieden sei, da bei den letztern die unter der Rinde liegenden Blattpolster niemals eine solche Form und Entwicklung zeigen, wie bei den Knorrien. Die Untersuchung der Pflanzen der Bären Insel hat mich ebenfalls zu der Ansicht gebracht, dass Knorria und Lepidodendron zu trennen seien. Es kommt allerdings eine knorrienartige Form bei Lepidodendron Veltheimianum vor, nämlich die innere Rindenparthie mit den hervortretenden, grossen Warzen (Taf. IX, Fig. 4), allein diese Warzen sind immer an beiden Enden verschmälert, wie diess auch bei den von Goeppert auf Taf. XLI und XLII abgebildeten Stücken der Fall ist, die er als Knorriaform zu Lepid. Veltheimianum bringt. Davon verschieden sind aber die Stämme mit den langen, am Grunde nicht in eine Spitze auslaufenden, sondern breit endenden und abgeplatteten Warzen, welche allein ich zu den Knorrien bringe. Bei diesen haben wir vorn äussere Rinde, welche ganz anders aussieht, als bei Lepidodendron. Erst diese bei Fig. 1 wenigstens theilweise noch erhalten. Diese Rinde bekleidet die an den Stämmen angedrückten, vorn verschmälerten Warzen, sie ist von zahlreichen Langs-streifen durchzogen, die alle ziemlich gleich stark sind und fast parallel verlaufen. Auf der Rinde treten kreisrunde Blattnarben auf, die zwei Millim. Breite und in der Mitte einen runden Punkt haben, welcher wahrscheinlich den Durchgang des Gefässbündels bezeichnet. Diese Blattnarben sind in regelmässige schiefe Reihen gestellt. Es scheint, dass jede auf die Spitze einer Warze zu stehen kommt, so dass die unter der Rinde liegenden langen Warzen in diesen Blattnarben enden. Die Warzen sind bei Fig. 4 lanzettlich und vorn zugespitzt und zumlich weit von einander entfernt. Es wurde diese Form von Goeppert früher als Knorria acutifolia bezeichnet. Die Form und die mehr oder weniger dichte Stellung der Warzen ist variabel. Wir können folgende Formen unterscheiden:

1. *Mit länglichen, vorn stumpfen Warzen.* Taf. X, Fig. 2. 5. Es sind die Warzen sehr gross, indessen flach und von einander abstehend, so dass die Oberfläche des Stammes zu sehen ist. Die Zwischenräume sind stellenweise fein gestreift. Bei Fig. 5 b sieht man einzelne runde Narben, welche wahrscheinlich von den Blattnarben herrühren. Die Form der Narben ist wie bei Knorria princeps Goepp., aber sie stehen nicht so dicht beisammen.

2. *Mit länglich lanzettlichen, dicht beisammen stehenden Warzen.* Taf. IX, Fig. 6. Die Warzen sind lang, vorn starker verschmälert und decken den Stamm ganz. Schimper hat diese Form als Knorria longifolia abgebildet. Der Pflanzenrest, den aber Goeppert mit diesem Namen belegt hat, ist sehr zweifelhafter Natur.

3. *Mit länglich-lanzettlichen von einander abstehenden Warzen.* Taf. X, Fig. 1. 1. Die Warzen sind vorn in eine Spitze verschmälert, wie diess besonders bei Fig. 4 der Fall ist. Knorria acutifolia Goepp. Nova acta 1852 p. 202. Roemer, Palaeontogr. III p. 96, Taf. XIV. Fig. 4.

4. *Mit am Grunde etwas verschmälerten Warzen.* Taf. X, Fig. 3. Knorria Schrammiana Goepp. l. c. p. 202.

12. **Knorria acicularis** Goepp. Taf. X, Fig. 6, 7, VIII, 2 d.

Kn. truncis decorticatis, verrucis lineari-lanceolatis, apice acutis, aeque distantibus.

Goeppert, nova acta 1852 p. 209, Taf. XXX. Fig. 3. Goeppert hat später auch diese Form zu Lepidodendron Veltheimianum gezogen (nova acta 1860 p. 521), worin ich ihm in meiner Flora arctica I p. 131 gefolgt bin.

Ist vielleicht nur Varietät der Knorria imbricata, indessen durch die sehr schmalen, linienförmigen Warzen ausgezeichnet. Dass solche linienförmigen Warzen nicht allein bei dünnen, jungen Zweigen, sondern in gleicher Weise bei dicken Stamm-stücken vorkommen, zeigen Taf. VIII, 2 d und X, 7, daher die Ansicht, dass die mit solchen Warzen versehenen Stücke nur die Zweige der dickwarzigen seien, jedenfalls unrichtig ist.

Taf. X, Fig. 7 stellt ein Stück eines ziemlich dicken Stammes dar, mit vorn zugespitzten, dünnen Warzen; Fig. 6 aber einen dünnern Zweig, bei dem die Warzen etwas weiter auseinanderstehen. Hierher gehört auch das Stück der Melville-Insel, welches ich auf Taf. XX. Fig. 9 a meiner Flora arctica abgebildet habe.

Herr Baily sandte mir zwei Stücke von der Tallowbridge Grafschaft Waterford in Irland, welche, wie ich glaube, hierher gehören; sie haben die vielen schmalen, linienförmigen Warzen, welche an dem Stamm angedrückt sind, nur stehen sie dichter beisammen als bei den Exemplaren der Bären Insel, da aber dieses Merkmal bei der Kn. imbricata in gleicher Weise variirt, können wir sie nicht als besondere Art trennen. Schimper führt sie in seiner Paleontol. veget. II p. 48 als Knorria Bailyana auf. Das Cyclostigma minutum Haught., das Schimper hier erwähnt, gehört nicht hierher. Bei einem schönern Stück vom Kiltorkan ist die äussere Rinde theilweise erhalten und zeigt die für Cyclostigma bezeichnenden Warzchen, theilweise ist aber die Rinde abgefallen, die von der äussern Rinde entblössten Stellen zeigen aber keine Spur von Knorrien-Warzen.

13. Cyclostigma Kiltorkense Haught. Taf. XI.

Character Generis:
Truncus arboreus, dichotomus, corticatus pulvinis foliorum delapsorum minutis, sub-globosis vel deplanatis, apice foveolatis. Folia linearia, medio carinata.

C. *Kiltorkense*, cortice rugoso, pulvinis foliorum delapsorum distantibus.

S. Haughton, on Cyclostigma a new genus of Fossil Plants from the Old Red Sandstone of Kiltorkan. Annals and Magazine of natural History. Vol. V, third Series. p. 444. Im Kohlenschiefer (Fig. 1, 2, 4), im Sandstein (Fig. 3) und im Thon (Fig. 5).

Alle Stücke sind ausgezeichnet durch kleine in schiefe Reihen gestellte Wärzchen oder deren Abdrucke. Es haben diese Wärzchen nur eine Breite von circa 2 Millim. Sie sind kreisrund, etwas nach oben gerichtet und auswärts verschmälert, doch scheinen sie nicht länger als breit gewesen zu sein. Sie sind oben mit einer runden Vertiefung versehen (Fig. 4 b vergrössert), die im Abdruck (Fig. 1, 2) als kleines Wärzchen erscheint, das am obern Ende des Eindruckes liegt. Die Vertiefung ist bei den am besten erhaltenen Wärzchen (Fig. 4 und 4 b), von einem scharfen, ringförmigen Rand umgeben, an welchem zuweilen (Fig. 5 c) 2 bis 3 oder kleine Erhabenheiten hervortreten. Bei Fig. 1, 3 und 4 sind die Wärzchen in regelmässige schiefe Reihen gestellt, welche die regelmässige spiralige Anordnung angeben. Der Abstand der Wärzchen beträgt bei Fig. 3—8 Mill., bei Fig. 1 aber 7 Mill. Bei dem grossen Stammstück Fig. 2 beträgt die Entfernung bei den meisten Wärzchen 7 bis 8 Mill.; an einigen Stellen aber ist die Ordnung gestört, und dasselbe ist der Fall bei Fig. 5.

Die Zwischenräume zwischen den Warzen sind bei der wohl erhaltenen äussern Rinde von sehr zahlreichen und dicht stehenden, wellenförmigen Längsrunzeln durchzogen (Fig. 2); fehlt aber die äussere Rinde so erscheint die innere Parthie dem unbewaffneten Auge glatt, wogegen man mit der Loupe zahlreiche feine Längsrunzeln sieht (Fig. 3 und 4). Aber auch feine Längsstreifen treten hervor, die meistens sehr dicht beisammen stehen (Fig. 1, 5) und jedenfalls der Rinde angehören, während die unregelmässigen Querstreifen, wie wir sie bei Fig. 4 sehen, rein zufällig sind und von Sprungen der Rinde herrühren.

Knorrienartige Wurzen fehlen unter der Rinde vollständig, wodurch Cyclostigma von Knorria leicht zu unterscheiden ist, obwohl die äussere Rinde der Knorrien eine ähnliche Bildung zeigt.

Neben Fig. 3 haben wir bei b ein 2½ Millim. breites, linienförmiges, von einer tiefen Längsfurche durchzogenes, steifes Blatt, welches wahrscheinlich zu dieser Pflanze gehört. Es war wahrscheinlich auf einer runden Warze befestigt, deren mittlere Parthie den Durchgang des Gefässbündels bezeichnet. Dasselbe Blatt haben wir auch bei Taf. IX, Fig. 7 b. Neben dem Taf. XI, Fig. 3 abgebildeten Stammstück und Blatt liegen kleinere blattartige Gebilde (Fig. 3 c, d), welche wahrscheinlich von den Fruchtzapfen unserer Pflanze herrühren.

Bei Fig. 4 liegt tiefer unten ein Stengelstück des Calamites radiatus, der aber mit unserer Pflanze nicht gemein hat.

Es stimmen diese Pflanze der Bären Insel vollständig überein mit dem Cyclostigma Kiltorkense Haught., worauf ich zuerst durch Herrn Prof. Geinitz aufmerksam gemacht wurde. Die Beschreibung, welche Haughton von der Pflanze giebt, ist so ungenügend, dass ich sie nach derselben nicht erkannt hatte. Eine Sammlung von Kiltorkan-Pflanzen, die ich später von den Herren Robert H. Scott und W. H. Baily erhielt, hat mich in den Stand gesetzt eine genaue Vergleichung vorzunehmen, welche die Ansicht des Herrn Geinitz vollkommen bestätigt hat. Die Stammstücke des gelben Sandsteines von Kiltorkan zeigen dieselbe runzelige, äussere Rinde und auf derselben in regelmässigen Reihen die kleinen runden Wärzchen, welche oben mit einer kreisrunden Vertiefung versehen sind, die von einem hervortretenden Rande umgeben ist. Zuweilen sehen diese Wärzchen wie kleine Schälchen aus. Der Rand ist öfter von feinen Querlinien gestreift, während der mittlere Parthie glatt ist. Die Wärzchen sind an Stamme 8—13 Millim. von einander entfernt und bilden ziemlich steil aufsteigende Parastichen; bei einem 1 Centim. breiten Stück gehen 12 auf die schiefe Reihe, bei einem 8 Decim. breiten 7, bei einem andern 4 Decim. breiten ebenfalls 7; bei Zweigen die nur 13 Millim. Breite haben, gehen nur 3 Wärzchen auf die schiefe Reihe; sie sind also auch bei diesen Zweigen weit auseinander gerückt und 6—7 Mill. von einander entfernt. Auch diese dünnen Zweige zeigen dieselbe runzelige und fein gestreifte Rinde. — Bei einigen Stammstücken ist die Rinde nur äusserst fein und dicht gestreift und bei einem fast ganz glatt. Diese hat Baily als Cyclostigma Griffithi Haught. bezeichnet. Es sind diess Stücke, bei denen die äussere Rinde abgefallen ist.

Neben Resten dieser Pflanze und zum Theil unmittelbar neben den Rinden, findet sich in Kiltorkan der Lepidostrobus Bailyanus Schimp. (Paleont. veget. II p. 74, Taf. LXI, Fig. 9), welcher wahrscheinlich die Frucht derselben darstellt. Wie bei Lepidodendron besteht das Deckblatt aus einem verbreiterten Grundstück, das die Sporangien trägt, und einem schmalen, blattartigen Anhang. Das Grundstück ist derb, ja scheint nach der dicken Kohlenrinde, die es hinterlassen hat, holzig gewesen zu sein, hat zwei flache Längsrippen, die eine Mittelfurche einschliessen und ist durch eine bogenförmige Linie scharf von dem auffallend langen und borstenförmigen

gen Anhang getrennt (vgl. Taf. XI, Fig. 6). Jedes Deckblatt scheint dort eine ovale Warze besessen zu haben. Das Grundstück ist mit kreisrunden Sporen von 1 Millim. Durchmesser (Macrosporen) bedeckt. Neben denselben sah ich viel kleinere schwarze Körnchen, welche die Mikrosporen darstellen dürften. Zahlreiche solche Deckblätter stehen an einer Längsachse und bilden einen Zapfen.

Dass solche Deckblätter auch auf der Bären Insel vorkommen dürften die Taf. XI, Fig. 3 c und d abgebildeten Blattreste zeigen, welche unmittelbar neben dem Stamm des Cyclostigma liegen. Fig. 3 c entspricht ganz der Basis des blattartigen Anhanges des Deckblattes, leider fehlt aber das sporentragende Grundstück, welches entscheidend sein würde.

Gehört der Lepidostrobus Railyanus Schimp. wirklich zu Cyclostigma, wurde die Gattung nahe an Lepidodendron sich anschliessen, von welcher sie sich aber leicht durch die andere Bildung der Rinde unterscheidet. Durch diese nähert sie sich den Stigmarien, doch sind die Wärzchen nicht nur viel kleiner, sondern auch viel schärfer abgesetzt und von anderer Bildung, indem bei den Stigmarien im Centrum der Scheibe eine kleine Warze sitzt. — Von Halonia unterscheidet sie der Mangel der grossen Warzen und dass bei Halonia die kleinen Warzen oben mit keiner Oeffnung versehen sind.

Eichwald hat ein ähnliches mit kleinen Warzen besetztes Stammstück als Selaginites verrucosus bezeichnet (Leth. rossica p. 143), jedoch haben die Wärzchen eine andere Form, und unter Selaginites versteht man ganz andere Pflanzen. Noch ähnlicher sind unserer Art der Bären Insel das Ulodendron Schlegeli Eichw. (Leth. ross. p. 158) und Ulodendron tumidum Eichw. (Leth. p. 145, Taf. X, Fig. 1, 2). Auch bei diesen ist der Stamm mit kleinen, in regelmässigen schiefen Reihen stehenden Wärzchen besetzt, doch scheinen diese die Höhlungen an der Spitze zu fehlen und sie stehen ferner dichter beisammen. Immerhin könnten diese in der Steinkohlenformation Russlands vorkommenden Pflanzen in Betracht kommen und verdienen eine sorgfältige Vergleichung. Bei ihnen finden sich neben den kleinen Wärzchen noch grosse runde Scheiben, wie bei Ulodendron, welche bei dem Cyclostigma fehlen.

Bei Bothryodendron punctatum Lindl. (Halonia punctata, Geinitz, Kohlenf. Sachsens III, 16, Ulodendron Lyndlyanum Sternb., Röhl, Palaeontogr. XXIII, Taf. XXIII, 2) sitzen die Warzen in rhombischen Feldern, ebenso bei Knorria Jugleri Roemer (Palaeont. III, Taf. VII, 17), welche dem Cyclostigma gänzlich fehlen.

Vielleicht gehört hierher ein von A. Roemer als Sagenaria spec. abgebildetes Stammstück aus der jüngern Grauwacke bei Lautenberg im Harz (Palaeontogr. 1854 III, Taf. XIV, 3), das ganz ähnliche, regelmässig angeordnete Wärzchen zeigt, doch ist aus der Zeichnung nicht zu ersehen, ob die Wärzchen die eigenthümliche Bildung der Cyclostigma-Warzen haben, und eine Beschreibung hat Roemer nicht gegeben, daher die Bestimmung zweifelhaft bleibt. Dasselbe gilt von dem Lepidodendron (Sagenaria) cyclostigma Goepp. (nova acta 1852, p. 269, Taf. XXXIV, Fig 6) aus der Grauwacke von Landshut. Es ist vielleicht ein junger Zweig unserer Art.

14. **Cyclostigma minutum** Haught. Taf. VII, Fig. 11, 12. vergrössert 11 b, 12 b. VIII, 5 b, IX. 5 a.

C. cortice longitudinaliter et transversim striolato, pulvinis foliorum delapsorum confertis, approximatis.

Haughton, l. c. p. 444. Lepidodendron minutum Haught., Journ. of geolog. soc. Dublin VI p. 235. Lepidodendron spec., Lyell Elements of Geology, sechste Aufl. p. 521, Fig. 585. Filicites dichotomus Haught. und Sigillaria dichotoma Haught. l. c. p. 234 [*]).

Ich erhielt von der Bären Insel nur kurze Zweigstücke und Rindenreste, welche durch die dichte Stellung ihrer kreisrunden Blattnarben sich auszeichnen. Bei dem etwa 9 Mill. breiten Zweig Taf. VII. Fig. 12 (vergrössert 12 b) haben wir steil aufsteigende Parastichen, jede Reihe besitzt 10—12 kleine Blattnarben, die etwa nur 1½ Mill. von einander abstehen. Sie sind etwas in die Breite gezogen, haben einen etwas aufgeworfenen Rand und in der Mitte einen Punkt. Im Abdruck sind sie sehr scharf begrenzt. Das Zweiglein zeigt zahlreiche und ziemlich dicht stehende parallele Querlinien. Dass diese nicht zufällig sind, zeigt der Umstand, dass sie auch bei einem zweiten Zweiglein in ganz gleicher Weise auftreten. Etwas grösser sind die Wärzchen bei Taf. VII. Fig. 11 (vergrössert 11 b). Sie sind hier fast kreisrund und haben einen Querdurchmesser von 1

---

[*]) Die Abbildung, welche Haughton von seiner Sigillaria dichotoma giebt (l. c. p. 234), stimmt zu Cyclost. minutum, wogegen das Zweigstück, das er p. 235 abbildet und Lepidodendron minutum nennt (welches er glaubt «the two coatings» der Sigillaria dichotoma sei), eher an das Lepidodendron Carneggianum erinnert. Seine Filicites dichotomus nennt er (l. c. p. 235) «only the upper and delicate branche» of the Sigillaria dichotoma. Es ist daher sehr auffallend, dass er sie als besondere Art aufführt. Wenn, wie Haughton selbst zugiebt, Filicites dichotomus, Sigillaria dichotoma und Lepidodendron minutum zu einer Art gehören, sind sie auch unter Einen Namen zu vereinigen.

Ich hatte anfangs die beiden Cyclostigma-Arten auch für Sigillaria genommen und vorläufig als Sig. Carneggiana und S. Malingreni bezeichnet (cf. die neuesten Entdeckungen im hohen Norden S. 21).

Millim. Sie erscheinen als runde Scheibchen; im Abdruck als runde Tellerchen, in deren Mitte ein äusserst kleines, punktförmiges Wärzchen ist. Sie stehen sehr dicht beisammen. Dasselbe ist der Fall bei den Rindenstücken Taf. VIII, Fig. 5 b und IX 5 a (vergrössert 5 c). Bei letzterm schliessen die Narben ganz aneinander an.

Ich erhielt von meinem Freunde R. H. Scott aus Kiltorkan in Irland ein Zweigstück von derselben Dicke, wie das Taf. VII, Fig. 12 abgebildete, das in der Grösse und dichten Stellung der Blattnarben völlig mit dem der Bären Insel übereinstimmt. Auch bei diesem Zweig haben wir zahlreiche unregelmässige Querstreifen, neben den deutlichen Langsstreifen. Diese Querstreifen, wie die viel dichtere Stellung der Blattnarben unterscheiden diese Art von der vorhergehenden. Wir können sie nicht für die jungen Zweige derselben halten, weil Zweige derselben Dicke von Cycl. Kiltorkense vorkommen, bei denen die Blattnarben viel weiter auseinander stehen und daher in geringerer Zahl auftreten und anderseits wir durch Herrn Baily aus Kiltorkan ein Zweig des Cyclostigma minutum zukam, der 33 Mill. Breite hat, aber trotz dieser beträchtlichen Dicke des Zweiges sind die Blattnarben dicht beisammen stehend, indem sie nur 1 bis 1½ Mill. von einander entfernt sind. Dieses Stück zeigt uns ebenfalls sehr deutliche Querstreifen wie Langsstreifen, und ist oben in zwei Gabeläste gespalten. Wie bei dem von Lyell abgebildeten Zweig sind die Parastichen (wohl in Folge des erlittenen Druckes) fast flach gelegt und von einander ziemlich weit entfernt, während die kreisrunden, mit einem hervortretenden Rand versehenen und in der Mitte vertieften Narben unter sich sehr genähert sind, wodurch sie scheinbar eine fast wirtelige Stellung erhalten, was Haughton verleitet haben mag, überhaupt den Cyclostigmen eine wirtelige Blattstellung zuzuschreiben.

15. **Halonia tuberculosa** Brongn.? Taf. XII, Fig. 7.

H. trunco tuberculato, tuberculis magnis, spiraliter dispositis, apice foveolatis, foveola parvula.

Brongniart, hist. des végét. foss. II. Taf. 28. Fig. 1. 2. Geinitz, foss. Flora von Hainichen-Ebersdorf p. 56, Taf. VIII, Fig. 1. Halonia tuberculata, Goepp., nova acta 1860 p. 529. Eichwald, Leth. ross. I p. 149, Taf. XI. 1—4.

H. tortuosa Lindl. et Hutt. Foss. Flora of Great Britain II. 11. Taf. 85.

Ich erhielt das Fig. 7 abgebildete Stück durch das Zerspalten einer Kohlenplatte. Die in schiefen Reihen stehenden Warzen sind kurz kegelförmig, an der Spitze mit einer kleinen Hohlung versehen, in deren Mitte ein punktförmiges Wärzchen ist. Um die Oeffnung der Hohlung sieht man in einem Falle einige kleine Wärzchen (Fig. 7 b vergrössert) und bei einer Warze haben wir einige von der Mitte ausgehende strahlenförmige Streifen. Jede Warze hat am Grund eine Breite von 4—5 Mill. Sie sind 13 Mill. von einander entfernt. Die Zwischenraume sind von sehr feinen und dicht stehenden Langsstreifen durchzogen, dagegen fehlen die kleinen Warzchen, welche bei Halonia bei der ganz erhaltenen Rinde an dieser Stelle wahrgenommen werden. Es hat indessen Eichwald (Leth. ross. p. 149) gezeigt, dass diess an den Stellen der Fall ist, wo die äussere Rinde fehlt, und dass die innere Parthie die Streifung zeigt, welche wir beim Stück der Bären Insel wahrnehmen. Diese kleinern Warzchen fehlen auch bei dem Stammstück, das von Röhl als Halonia Munsteriana (jap. Palaeontogr. XVIII p. 140, Taf. X. Fig. 7) und bei den Stücken, die Goeppert (nova acta 1860 p. 529) als Halonia tetrasticha beschrieben hat. Bei den grossen Stamm, den Geinitz (l. c. Taf. VIII, Fig. 1) abgebildet hat, zeigt ebenfalls die entrindete Parthie keine solchen kleinen Warzchen, während die mit der äussern Rinde versehene sie erhalten hat. Immerhin bleibt die Bestimmung zweifelhaft, bis Exemplare gefunden werden, welche auch die kleinern Warzen besitzen.

16. **Stigmaria ficoides** Sternb. sp. Taf. VIII, Fig. 5 c, IX, Fig. 5 a, XII, Fig. 1—6.

St. trunco crasso, ramis pluries dichotomis, cortice rugoso, cicatricibus spiraliter dispositis orbicularibus, annulo duplici insignitis, in medio cicatricula mamillata notatis.

Brongniart, Mém. Mus. d'hist. natur. p. 82, Taf. 7. Prodrom. p. 88, Sternberg, Versuch I p. 38, II 209, Taf. XV, Fig. 4. 5. Goeppert, nova acta 1852 p. 245, 1860 p. 540. Geinitz, Hainichen p. 60; Steinkohlenform. Sachsens p. 49, Schimper, terr. de transit. p. 324; Paleontol. végét. II p. 114.

Variolaria ficoides, Sternb. Vers. I p. 22 (1820).

Ist nicht selten in der Kohle und dem Kohlenschiefer.

Man ist gegenwärtig ziemlich allgemein einverstanden, dass die Stigmarien keine selbstständigen Pflanzen, sondern Wurzelstocke seien. Binney, Rich. Brown und auch Goeppert halten sie für Wurzelstocke von Sigillarien. Mit Recht hebt aber Schimper hervor, dass diese Stigmarien in den Kohlen der Vogesen häufig seien, während keine einzige Sigillaria bis jetzt daselbst gefunden wurde, wogegen die Knorrien und Lepidodendren dort sehr häufig erscheinen. Und ganz dasselbe gilt auch für die Baren Insel. Schimper bringt sie daher mit den Knorrien und Lepidodendren in Verbindung und nach einer brieflichen Mittheilung ist neuerdings in Bar bach ein 4 Fuss hoher Stamm gefunden worden, welcher zeigt, dass die Form von Stigmaria, welche Schimper auf Taf. IX (veget. foss. du terr. de transit.) abgebildet hat, der Wurzelstock der Knorria ist, und dass an demselben Stamm die Stigmaria-artige Rinde durch Ancistrophyllum und Didymophyllum Goepp. den Uebergang zu Knorria vermittelt und zwar zu der Form, welche als Knorria longifolia unterschieden wurde (vgl. auch Schimper Paléont. végét. II, 118). Andererseit kann aber wohl nicht in Abrede gestellt werden, dass die Sigillaria älterunus ein Stigmariaartiges Rhizom besitze, und ist ferner wahrscheinlich, dass auch Lepidodendron ähnliche Wurzelstöcke habe. Darnach würden die Stigmarien die Rhizome mehrerer, allerdings nahe verwandter, Gattungen darstellen, und es wird nun die nächste Aufgabe sein, diese genauer zu ermitteln und die Species festzustellen. Zur Zeit ist diess noch nicht möglich, wir sind daher genöthigt, die Stigmarien noch besonders aufzuführen.

1. *Stigmaria ficoides exigua*; cortice rugoso, cicatricibus rotundis, aeque distantibus, circa 5 Mill. latis. Taf. XII, Fig. 1, 2, 3.

Die Warzen sind ziemlich flach, der glatte Ring hat einen Durchmesser von durchschnittlich 5 Millim. und ein centrales rundes Wärzchen. Die Warzen stehen in regelmässigen Abständen und diese sind von zahlreichen und dicht stehenden Langsrunzeln durchzogen. Diese Runzeln biegen sich auf der obern und untern Seite der Warzen zusammen und laufen hier und da in einander. Es sind daher dieselben viel unregelmässiger, weniger tief und zahlreicher als bei Stigmaria undulata Goepp., und bei Fig. 3 kommt in der Mitte eine tiefere, sich um die Warze schlingende Furche vor, wie bei Stigm. undulata. Hier bemerken wir auch bei einzelnen Warzen strahlenförmig auslaufende Linien, die indessen nicht dieselbe regelmässige Bildung zeigen, wie bei Stellata Goepp.

Mit unserm Stücken der Baren Insel stimmt die Beschreibung, welche Eichwald (Leth. ross. I p. 205) von einem Stück aus dem Kohlenlager von Lougan giebt, sehr wohl überein. Er sagt: il y a autour de chaque cicatrice un enfoncement, et les espaces entre les cicatrices sont occupés par des rides ou plis ondulés très rapprochés, qui couvrent toute la surface du tronc, laquelle devient ainsi sillonnée longitudinalement à sillons onduleux. Ein ähnliches Stück hat Schimper von Bourbach abgebildet (veget. foss. du terr. de transit., Taf. VIII. Fig. 2), nur treten bei diesem die Runzeln stärker hervor. Da auf der Baren Insel, wie in der Grauwacke der Vogesen die Knorrien häufig sind, liegt die Vermuthung nahe, dass die vorliegende Stigmarien-Form zu Knorria imbricata gehöre.

b). *Stigmaria ficoides inaequalis* Goepp.; cortice cicatricibus inaequalibus. Taf. IX, Fig. 5, XII, 5. Goeppert nova acta 1852 p. 246, Taf. XXXII, 1.

Ein kleines Rindenstück (Taf. IX, 5 a) zeigt uns Warzen von ungleicher Grösse, die grösste hat 7 Mill. die kleinste 5 Mill. Durchmesser. Sie sind ziemlich weit von einander entfernt und die Zwischenräume sind glatt.

Viel grösser ist Taf. XII, Fig. 5. Es stellt einen 28 Decim. langen Cylinder dar, welcher mit fester Sandstein-Masse ausgefüllt ist. Von der Rinde sind nur schwache Reste geblieben, welche einen braunen Ueberzug über den Sandstein bildet und nur stellenweise die runden Narben erkennen lasst, welche in der Zeichnung zu deutlich hervortreten. Sie haben theils 5, theils nur 3 Mill. im Durchmesser und sind ziemlich dicht zusammengedrängt.

Gehört vielleicht als Rhizom zu Lepidodendron Veltheimianum.

c). *Stigmaria ficoides minuta*; cortice cicatricibus rotundatis, aequalibus, minutis, 3 mill. latis. Taf. IX, Fig. 2 e, Taf. XII, Fig 6.

Goeppert, Gatt. foss. Pfl. Taf. IX, 14; Nova acta 1852 p. 246.

Die Kreisrunden, flachen Warzen sind unter sich gleich gross, durch ziemlich weite, fein gestreifte Zwischenräume getrennt und in der Mitte mit einem kleinen Wärzchen versehen.

Bei Taf. VII, Fig. 1 und VIII, Fig. 5 c haben wir nur einzelne Stigmarien-Warzen, die sich aber durch ihre Grösse auszeichnen und wahrscheinlich zu Stigmaria laevis Goepp. (nova acta 1852 p. 246) gehören.

Taf. XII, Fig. 4 haben wir die Wurzelfasern der Stigmaria. Man sieht, dass sie cylindrisch gewesen und am einen Ende stumpf zugerundet. Auch an Taf. I, Fig. 1 e haben wir solche Wurzelfasern, welche indessen Schimper eher für Niederblätter halten möchte.

17. **Cardiocarpum punctulatum** Goepp. et Berg. Taf. XIV, Fig. 6.

C. fructibus planis, rotundato-subreniformibus, punctulatis.

Berger, de fruct. et seminibus ex format. lithanthr. p. 24, Tab. II, Fig. 26. Goeppert, nova acta 1852 p. 208. Taf. 39, Fig. 4, 1860 p. 532.

Im Kohlenschiefer.

FOSSILE FLORA DER BÄREN INSEL. 17

Es stimmt die Fig. 6 abgebildete Frucht in der Form sehr wohl zu der Frucht des Kohlenkalkes bei Dansdorf in der Grafschaft Glatz, welche Goeppert und Berg beschrieben haben, nur treten die Punkte schwächer hervor, was indessen vielleicht davon rührt, dass die Kohlenrinde abgefallen ist. Von dieser ruhet wahrscheinlich der etwa 1½ Mill. breite Rand her (und nicht von einem Flügel). Ohne denselben hat die Frucht eine Breite von 15 Mill., bei einer Höhe von 12 Mill.; sie ist am Grund nicht ausgerandet, vorn stumpf zugerundet. Die Oberfläche ist glatt, aber stellenweise mit kleinen eingedrückten Punkten besetzt, welche indessen von blossem Auge kaum wahrgenommen werden.

18. **Cardiocarpum ursinum** m. Taf. VII, Fig. 13, restaurirt Fig. 14.

C. alatum, nucleo ovali, ala magna, obsolete striata.

Die Fig. 13 abgebildete Frucht, die ich durch Zerspalten eines Stückes schwarzen Kohlenschiefers erhielt, ist sehr unvollständig. Ich habe sie in Fig. 14 zu restauriren versucht. Darnach hatte der 6½ Millim. lange und 10 Mill. breite, ovale Kern einen grossen, breit herzförmigen Flügel gehabt, welcher in der Mitte tief ausgerandet war, so dass er in zwei grosse Lappen gespalten erscheint. Es ist indessen nur der Eine der Lappen erhalten, der andere zerstört. Möglicher Weise hatte indessen die Frucht nur einen, und dann seitlichen Flügel, und ist die von demselben umgebene Parthie des Kernes als die Spitze der Frucht zu betrachten. Die aus den Steinkohlen bekannten geflügelten Früchte sprechen aber entschieden dagegen und für die zuerst gegebene Auffassung.

Der Kern ist glatt, der Flügel von äusserst feinen, nur mit der Loupe wahrnehmbaren Streifen durchzogen; er hat eine Breite von 14 Millim., die Länge beträgt wahrscheinlich 12½ Millim., doch ist er vorn abgebrochen.

Eine ähnliche, aber noch viel grössere Frucht hat Dana (Manual of Geology. 2te Aufl. p. 538, Fig. 572) als Cardiocarpum samaraeforme aus dem Unter-Carbon Amerikas abgebildet. Aehnlich ist auch das Cardiocar. Bailyi Dawson von St. John in Canada (Acad. Geol. p. 535, Fig. 194. D).

19. **Sporangia.** Taf. VIII, Fig. 8—17.

Die Taf. VIII, Fig. 8—17 abgebildeten Körperchen sind ohne Zweifel die Sporangien und Sporen von Gefässkryptogamen und gehören wohl zu den Lepidodendren, Knorrien oder Cyclostigmen.

Es sind drei Formen zu unterscheiden:

1. Glatte, etwa 1½ Mill. im Durchmesser haltende Kugelchen (Fig. 9, vergrössert 12, 15), welche aber häufig mehr oder weniger platt gedrückt sind (Fig. 13, 14 vergrössert) und dann einen deutlich abgesetzten Rand zeigen. Bei einem Exemplar (Fig. 10) bemerkt man drei kleine Körnchen; es sind diess daher die grösseren, die Macrosporen enthaltenden Sporangien, von denen jedes wahrscheinlich vier Sporen einschloss.

2. Von sehr kleinen Wärzchen gekörnte Körperchen von 1½—2 Mill. Durchmesser; sie sind theils kuglicht, theils auf einer Seite etwas eingedrückt. Eine zarte Querlinie bezeichnet wahrscheinlich die Stelle, wo sie aufspringen (Fig. 16, 17 vergrössert).

3. Viel kleinere Körperchen, die nur ½ bis ⅔ Mill. im Durchmesser haben (Fig. 8 b. 10). Sie sind kuglicht und scheinen glatt zu sein; in einigen Fällen gehen vom Mittelpunkt drei Linien aus, welche ohne Zweifel, wie bei den Sporen der Gefässkryptogamen, 3 Leisten gebildet haben (Fig. 11 vergrössert). Es sind diess daher die Sporen. Sie liegen stellenweise zu hunderten beisammen und sind häufig flach gedrückt. Bei Fig. 8 haben wir solche Sporen bei glatten Sporangien neben einem kleinen Zweigrest, der zu Lepidodendron Carneggianum gehört. Vielleicht gehören sie zu diesem Lepidodendron.

Dawson hat in seiner Akadian Geology (second edition p. 491) zwei Sporangien beschrieben und abgebildet, welche mit denen der Bären Insel grosse Aehnlichkeit haben. Das eine nennt er Sporangites papillatus, das andere Sp. glaber; das erstere ist mit kleinen Wärzchen besetzt, das andere glatt, wie bei den Sporangien der Bären Insel, mit denen sie auch in der Grösse übereinstimmen. Dawson vermuthet, dass Sporangites glaber zu Lepidodendron corrugatum der untern Kohlenabtheilung gehöre. Es steht diess Art dem Lepidod. Veltheimianum sehr nahe und vertrete seine Stelle im Culm von Canada.

ERKLÄRUNG DER TAFELN.

Taf. I. *Calamites radiatus* Brgn.

Fig. 1 im Sandstein. a. Stammstück. b. Querbruch. c. Wurzelzasern von Stigmaria.
Fig. 2. Abdruck eines Stammstückes aus der Kohle mit breiten, den Furchen entsprechenden Rippen (C. laticostatus Ett.). Fig. 3 ebenso, Rippen aber stellenweise unterbrochen. Fig. 4 mit enger stehenden Rippen und Furchen.
Fig. 5 mit einzelnen runden Wargen. C. variolatus Goepp.
Fig. 6. Stammstück aus dem Sandstein.
Fig. 7. Aus dem Kohlenschiefer mit gewölbten Rippen.
Fig. 8. Abdruck von zwei bei einander liegenden Stammstücken aus der Kohle, mit breiten, den Furchen entsprechenden, aber unterbrochenen Rippen (Knorria confluens Goepp.).

Taf. II. *Calamites radiatus* Brgn.

Fig. 1. Grosses Stammstück aus der Kohle. Fig. 2 Rhizom. b. Aeste mit Wurzelzasern. Fig. 3 Aeste. Fig 4 Rhizomäste. Fig. 5 Zweig mit Knoten. Fig. 6 Wurzelzasern.

Taf. III. *Calamites radiatus* Brgn.

Fig. 1. Grosses Stammstück, zu der rechten Seite mit stellenweise erweiterten Furchen. Fig 2. Stammstück, mit theilweise zerstörter Rinde. Fig. 3. Abdruck eines Stammstückes mit sehr breiten Furchen, die als Rippen erscheinen. Fig. 4. Zweig mit Knoten und 2 Aestchen.

Taf. IV. *Calamites radiatus* Brgn.

Fig. 1. Rhizom mit Ast und Wurzelzasern; daneben breitere Wurzelzasern (Sphenophyllum furcatum Gein.) und Blattfetzen von Farn, der Eine unmittelbar neben dem Calamit, ist oben eingerissen und an der rechten Seite zerstört; er muss ziemlich breit gewesen sein und gehört zu Cardiopteris polymorpha; der Andere besteht aus zwei an einer dünnen Spindel befestigten Fiederchen und scheint zu Palaeopteris Roemeri zu gehören.
Fig. 2. Rhizom mit Knoten; daneben eine gablig zertheilte Wurzelzaser.
Fig. 3. Wurzelzasern.
Fig. 4. Zwei Rhizomstücke mit angeschwollenen Knoten und runden Astnarben.
Fig. 5. Rhizom mit Knoten und Eindrücken von Haaren.
Fig. 6. Rhizomstück mit Haaren.

Taf. V. *Calamites radiatus* Brgn.

Fig. 1 und 2. Dicke Rhizomstücke. Fig. 3. Rhizomäste.

Taf. VI. *Calamites radiatus* Brgn.

Grosses, veraestetes Rhizom.

Taf. VII.

Fig. 1 a. Calamites radiatus mit angeschwollenen Knoten; 1 b. Wurzelzasern, zwischen denselben eine Narbe von Stigmaria; 1 c. Lepidodendron Wiikianum Hr.
Fig. 2. Lepidodendron Wiikianum Hr, mit kleinen Blattwulsten.
Fig. 3—7. Lepidodendron Carneggianum Hr; 3, 4, 6 junge Zweige mit Blattnarben; vergrössert Fig. 3 b, 5, 7.

Fig. 8—10. Lepidodendron commutatum Schimp. sp. Fig. 8 junger Zweig; Fig. 9 Rindenstück mit kleinen Blattnarben; Fig. 10 mit grössern Blattnarben.
Fig. 11, 12. Cyclostigma minutum Haught.; Fig. 11 b, 12 b vergrössert.
Fig. 13, 14 Cardiocarpum ursinum Hr; Fig. 13 im Kohlenschiefer; Fig. 14 Restaurirt.

Taf. VIII.

Fig. 1–7 Lepidodendron Veltheimianum Sternb. Fig. 1 Abdruck der innern Rinde mit länglich-elliptischen Eindrucken. Fig. 2 a b Abdruck der Rinde; c entrindeter Ast von Lepidodendron Wükianum; d Knorria acicularis. Fig. 3 Abdruck der äussern Rinde. Fig. 4 entrindetes Stammstück aus dem Sandstein. Fig. 5 a dünnes junges Zweiglein; 5 a a vergrössert. 5 b Cyclostigma minutum. 5 c eine Narbe von Stigmaria. Fig. 6 Zweigstück mit Blattnarben; 6 b vergrössert. Fig. 7 entrindetes Stammstück.
Fig. 8 Lepidodendron Carneggianum, daneben Sporen und ein Sporangium.
Fig. 9, 10 glatte Sporangien und Sporen; Fig. 11 eine Spore vergrössert; Fig. 12, 13, 14, 15 Sporangien vergrössert.
Fig. 16, 17 gekörnte Sporangien, vergrössert.

Taf. IX.

Fig. 1 Lepidodendron Wükianum Hr; 1 b ein Stück vergrössert.
Fig. 2 a Lepidodendron Veltheimianum, entrindet; 2 b Calamites radiatus, mit runden Eindrücken; 2 c Stigmaria minuta; 2 d Lepidodendron Carneggianum; 2 e vergrössert.
Fig. 3, 4 Zweige von Lepidodendron Veltheimianum.
Fig. 5 a Stigmaria ficoides Sternb.; 5 b Cyclostigma minutum, junger Zweig mit dicht stehenden Blattnarben; 5 c vergrössert.
Fig. 6 Knorria imbricata longifolia Schimp.
Fig. 7 a, b Lepidophyllum Roemeri Hr; 8 b Blatt von Cyclostigma; c Farnspindel.

Taf. X.

Fig. 1—3 Knorria imbricata Sternb.
Fig. 1 und 4 Knorria imbricata acutifolia Goepp. Fig. 2, 5 mit vorn stumpfen Warzen. Fig. 3 Knorria imbricata Schrammiana Goepp.
Fig. 6, 7 Knorria acicularis Goepp.
Fig. 8 Calamites radiatus, junger Spross.

Taf. XI. Cyclostigma Kiltorkense Haught.

Fig. 1 Abdruck eines Stammstückes, äussere Rinde abgefallen (Cycl. Griffithi Haught.).
Fig. 2 grosses noch mit der runzeligen Rinde bekleidetes Stammstück.
Fig. 3 Stammstück im Sandstein; 3 b Blatt; 3 c und d Reste der Deckblätter (Lepidostrobus Bailyanus).
Fig. 4 Rindenstück aus der Kohle, mit kugligten Wärzchen; 4 b diese vergrössert. Neben dem Cyclostigma ein Stengelrest von Calamites radiatus.
Fig. 5 Stammstück mit kleinen Narben aus dem hellfarbigen Thon; 5 b und c Narben vergrössert.
Fig. 6 ein Deckblatt des Lepidostrobus Bailyanus Schimp. von Kiltorkan.

Taf. XII.

Fig. 1–4 Stigmaria ficoides rugosa. Fig. 4 Wurzelfasern.
Fig. 5 Stigmaria ficoides inaequalis Goepp.
Fig. 6 Stigmaria ficoides minuta.
Fig. 7 Halonia tuberculosa Brgn.? Fig. 7 b eine Warze vergrössert.

Taf. XIII.

Fig. 1 Wurzeln von Lepidodendron.
Fig. 2 und 2 b gablig getheilte Wurzeln.

Fig. 3 Reste einer Sphenopteris.
Fig. 4 Sphenopteris Schimperi Goepp. a, b, c, d Blattspindeln; e Fiederchen. Fig. 6 vergrössert.

Taf. XIV.

Fig. 1, 2 Cardiopteris polymorpha Goepp. sp.
Fig. 5 Palaeopteris Roemeriana Goepp. sp.
Fig. 6 Cardiocarpum punctulatum Goepp.
Fig. 7 Wurzeln von Lepidodendron.

Zusatz.

Letzten Sommer haben zwei junge schwedische Naturforscher, die Herrn Wilander und Nathorst, in der Klaas Billen Bai des Eislandes Spitzbergens Steinkohlenpflanzen entdeckt, welche mir zur Untersuchung zugeschickt worden sind. Sie liegen in einem grobkörnigen Sandstein, der unter dem Bergkalk und mit demselben, an dieser Stelle, discordant gelagert ist. Die ziemlich zahlreichen Stücke gehören zu Stigmaria ficoides Sternb. und Lepidodendron Veltheimianum Stb.; zwei Arten, welche wir auch auf der Bären Insel kennen gelernt haben und die zu den allgemein verbreiteten Pflanzen des Unter-Carbon gehören. Es gehört demnach dieser Sandstein Spitzbergens auch zur Ursaustuffe. Die Stigmaria wurde in prachtvollen Exemplaren gefunden, welche ganz mit denen der Steinkohlenperiode übereinstimmen. Diese Spitzberger-Pflanzen bestätigen, dass die Ursaustuffe dem Unter-Carbon und nicht dem Devon einzureihen ist. Herr Carruthers dagegen rechnet die Pflanzen der Bären Insel, wie die von Kiltorkan zum Devon; ich denke dass die auf S. 6 u. f. angegebenen Thatsachen das Irrige einer solchen Ansicht hinlänglich erwiesen haben. Herr Carruthers stellt aber weiter die Meinung auf, dass die Stigmaria ficoides, die Knorria acicularis, das Cyclostigma Kiltorkense, C. minutum und das Lepidodendron von Kiltorkan zu ein und derselben Art gehöre, welche er als Lepidodendron Griffithi Brongn. bezeichnet. Brongniart hat aber nirgends eine Lepidodendron dieses Namens beschrieben. Er erwähnt nur in einem Briefe an Herrn Griffith (Natural History review, London 1875) der Reste eines Lepidodendron, dem er obigen Namen geben wolle, das er aber weder abbildet noch beschreibt noch näher charakterisirt, daher dieser Name mit Recht von Niemand angenommen worden ist. Es ist wahrscheinlich, dass er sich zum Theil so weit er die Blätter begründet, auf den Lepidostrobus Bailyanus bezieht. Brongniart erwähnt in diesem Briefe noch weiter ein Lepidodendron minutum, das ohne Zweifel das Cyclostigma minutum Hgt. ist, und einen für ihn ganz neuen eigenthümlichen Pflanzentypus, den Haughton als Cyclostigma Kiltorkense beschrieben hat.

Wenn Herr Carruthers alle oben genannten Pflanzen von Kiltorkan zu einer Art vereinigen will, so müssen wir verlangen, dass er diese Ansicht begründe. Bis dies geschehen ist, kann ich eine solche Zusammenstellung nicht billigen. Von Lepidodendron habe ich von Kiltorkan und der Tallowbridge nur junge Zweige erhalten (S. 9). Da bei diesen die Blattwülste nicht so schön und scharf ausgesprochen sind, wie bei den Stämmen, ist die genaue Bestimmung sehr schwierig. Bei dem Zweig der Tallowbridge, wie bei dem von Kiltorkan, haben wir dicht stehende Blattwülste, die sich am Grunde berühren; sie sind länglich rhombisch, länger als breit, innerhalb derselben haben wir einen Abdruck, eine länglich verkehrt eiförmige Vertiefung, die am Grunde zugespitzt ist und wohl dem pulvinulum entspricht. Die Form dieser Blattwülste und ihre dichte Stellung ist so ähnlich der jenigen junger Zweige von Lepid. Veltheimianum, dass ich mich für berechtigt hielt sie zu dieser Art zu bringen, um so mehr da auch Schimper einen Fruchtzapfen und beblätterten Zweig von Kiltorkan zu Lepidodendron Veltheimianum zieht (cf. Schimper paléontol. végét. II, p. 64) Lepidostrobus Collombianus. Davon trennt er mit vollem Recht den Lepidostrobus Bailyanus, welcher, nach meinem Dafürhalten, den Fruchtzapfen des Cyclostigma Kiltorkense darstellt (S. 43), daher ich diesen nicht als besondere Art aufgeführt habe.

Die Behauptung, dass das Cyclostigma Kiltorkense dickere Stammstücke, das C. minutum dagegen dünnere Zweige derselben Art darstelle, ist nicht richtig. Ich habe von Kiltorkan dicke Stammstücke von C. minutum, mit den dicht stehenden kleinen, runden Warzen erhalten und Zweige von C. Kiltorkense, welche dünner sind als die von C. minutum und wenige weit auseinander stehende und grössere Warzen besitzen. Das C. minutum ist auch ausgezeichnet durch die zahlreichen Querstreifen (cf. p. 45).

Die Knorria der Tallowbridge stimmt mit der Knorria acicularis Goeppert in den sehr schmalen, linienförmigen, vorn zugespitzten Warzen so wohl überein (cf. Goeppert, Uebergangsgebirge, nov. act. 1852 p. 209, Taf. XXX, 3 und diess Werk Taf. X, 6), dass ich mich nicht für berechtigt hielt sie von dieser Art zu trennen, während allerdings Schimper sie als Knorria Bailyana unterschieden hat. Sie weicht von den Exemplaren der Bären Insel durch die dichter stehenden und etwas mehr angedrückten Warzen ab, doch scheint mir dieser Unterschied von keinem grossen Belang zu sein, da wir bei der Knorria imbricata ganz dieselben Formen finden, wie es denn überhaupt noch fraglich ist, ob die Knorria acicularis von der Kn. imbricata als Art zu trennen sei. Da ihre Warzen viel dünner und vorn mehr zugespitzt sind, scheint es mir vor der Hand zweckmässiger zu sein, sie getrennt zu lassen.

Calamites radiatus

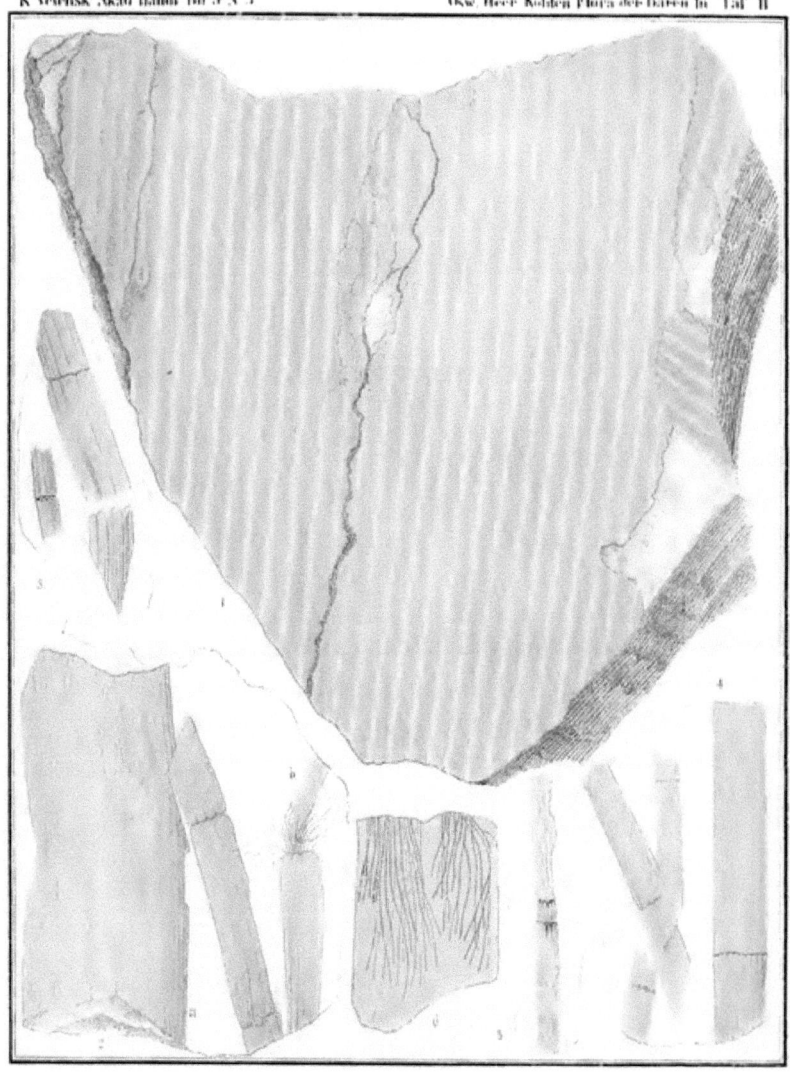

Calamites radiatus

Calamites radiatus

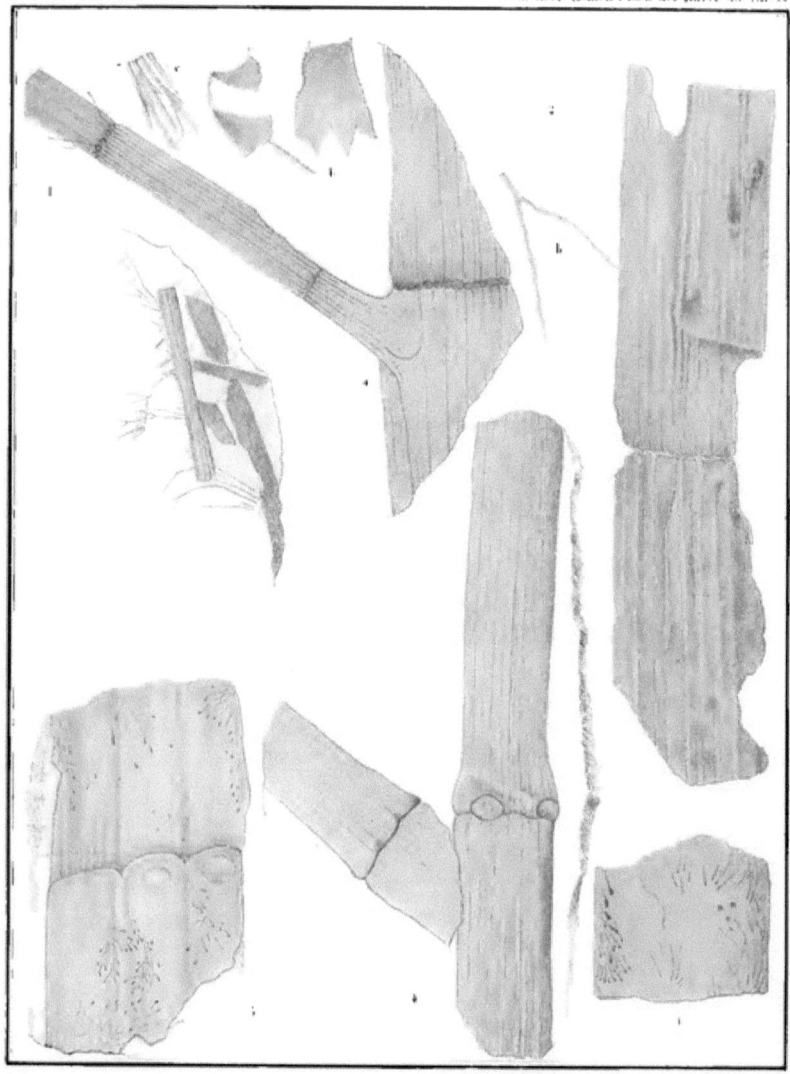

Calamites radiatus

Calamites radiatus

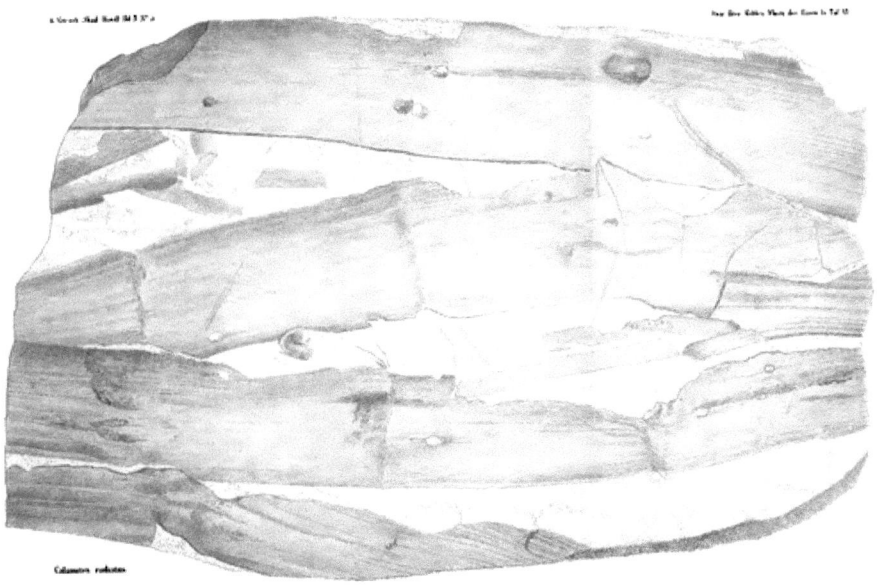

Calamites radiatus

1. a. b. Calamites radiatus. 1 c. 2. Lepidodendron Winkianum. 3. 7. 4. Carneggyanum. 5. 9. 10. L. commutatum. 11. 12. Cyclostigma.
anomalum. 13. 14. Cardiocarpum nessianum.

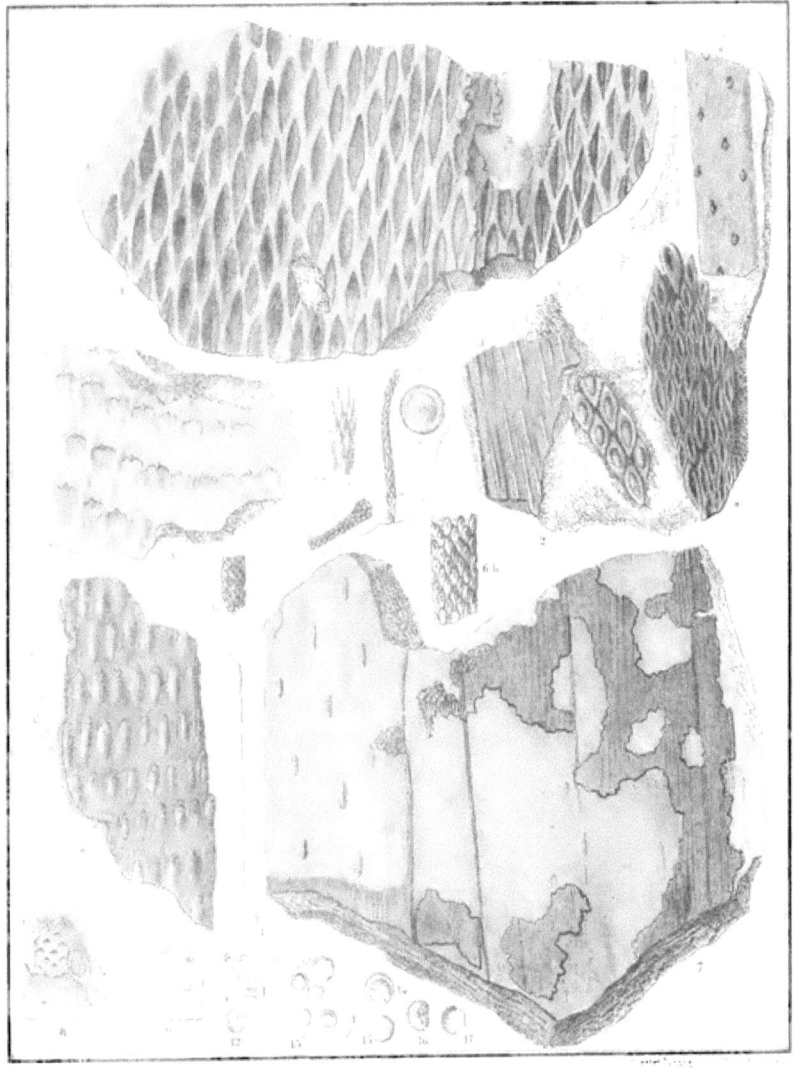

1, 2 Lepidodendron Veltheimianum. 2 d Knorrea. 2 e Lepidodendron Wükianum. 3-5 Cyclostigma monstans.
8-17 Sporangien u. Sporen

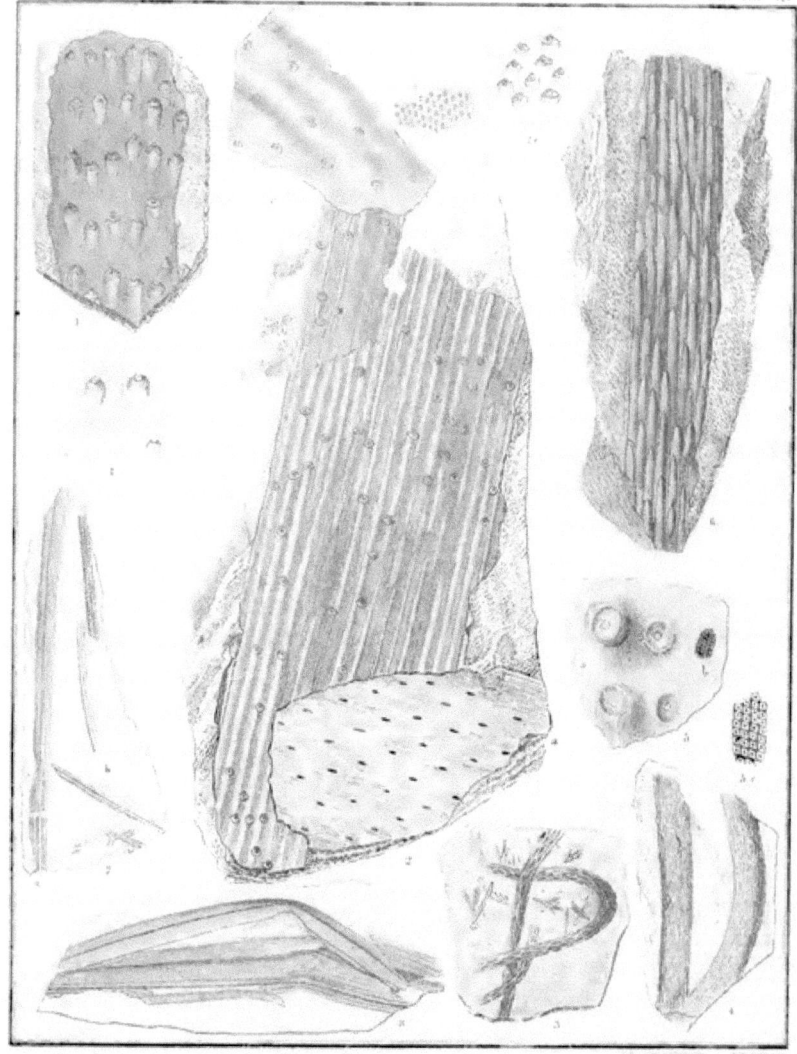

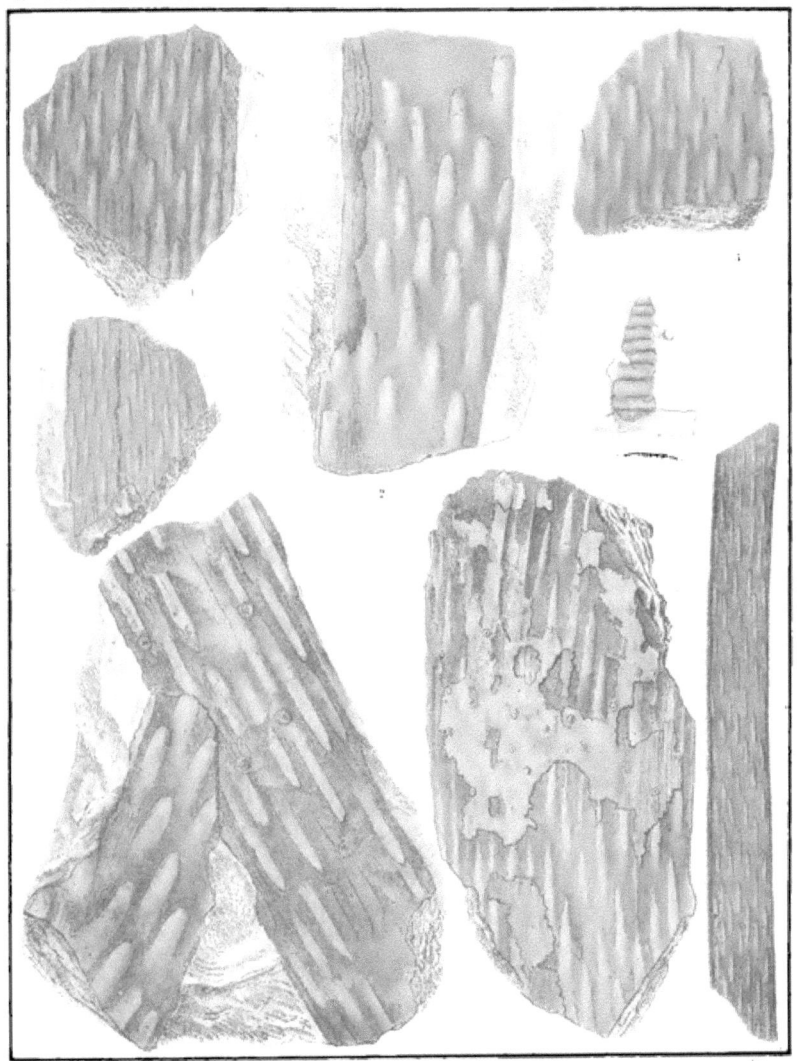

1–5. Knorreia imbricata. 6.7. Kn. acicularis.

Cyclostigma Kiltorkense

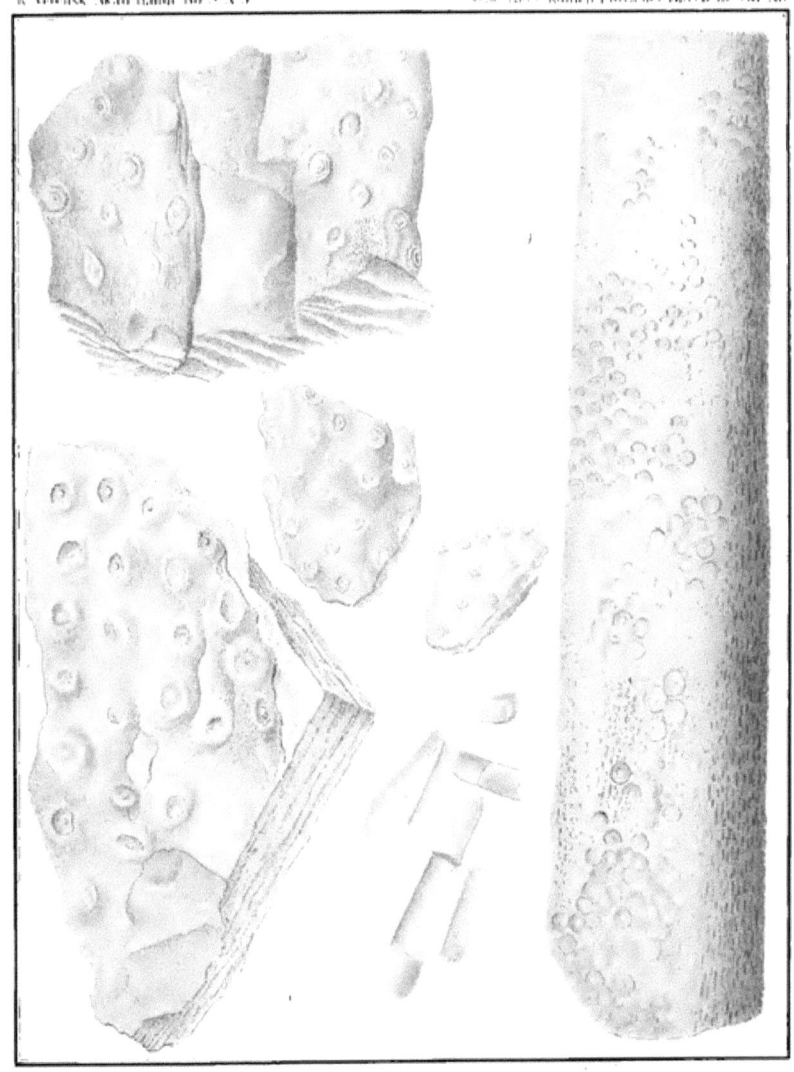

1-6. Stigmaria. 7. Halonia tuberculosa.

1. 2. Lepidodendron 3. 5. Sphenopteris. Schizopores

Profil 1.

Profil vom westl. Ufer der Ekman Bai.

Profil 2.

Approxim. Grosse Karte von der
BÄREN INSEL.

Prof. der Lager an der Mündung des englischen Baches
am nordlichen Gestade der Bären Insel.

Profil 4.

Profil 5.

Schematischer Durchschnitt der Felsagen am Gestade der Bären Insel.